BUDDHISMUS

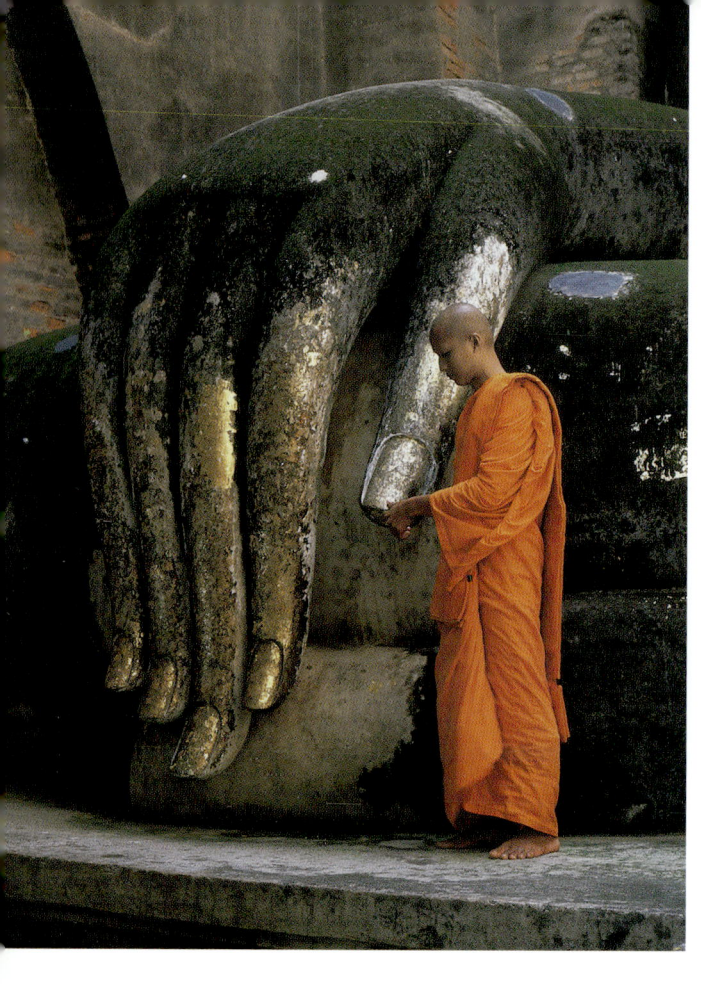

DUMONT

BUDDHISMUS

Ein Schnellkurs

Manfred Görgens,
geboren 1954, publizierte u. a. eine *Kleine Geschichte der indischen Kunst,*
zwei Reiseführer zu indischen Regionen und einen Fotoband *Sri Lanka.*
Frank Rainer Scheck,
geboren 1948, publizierte u. a. einen Kunstreiseführer *China*
und übersetzte Werke zur Zen-Kunst und zur indischen Baukunst.
Beide Autoren kennen den buddhistischen Kulturkreis seit
mehr als 30 Jahren durch zahlreiche ausgedehnte Reisen.

Umschlagvorderseite:
Mönche in der Shwedagonpagode, Yangoon, Myanmar, Burma

Umschlagrückseite:
Löwenkapitell der Ashoka-Säule von Sarnath, Nordindien (Ausschnitt)
Der 14. Dalai Lama (links) als Meister eines Kalachakra-Rituals
Buddha von Kamakura, südwestlich von Tokio, Japan

Frontispiz:
Mönch vor der Hand einer Kolossalstatue des Buddha, Sukhothai, Thailand

Bibliografische Information der Deutschen Bibliothek:
Die Deutsche Bibliothek verzeichnet diese Publikation in
der Deutschen Nationalbibliografie; detaillierte bibliografische
Angaben sind im Internet unter http://dnb.d-nb.de abrufbar.

Überarbeitete und aktualisierte Neuausgabe

© 1999 DuMont Buchverlag, Köln
© 2002 DuMont Literatur und Kunst Verlag, Köln
© 2009 der Neuausgabe DuMont Buchverlag, Köln
Alle Rechte vorbehalten
Layout/Satz: botschaft prof. gertrud nolte, Düsseldorf
Lektorat/Redaktion: Jutta Krautscheid, Köln
Druck und buchbinderische Verarbeitung: Rasch, Bramsche
Printed in Germany
ISBN 978-3-8321-9181-8

Ist es einer Weltreligion angemessen, in einem ›Schnellkurs‹ vorgestellt zu werden? Lassen sich spirituelle Entwicklungen von 2500 Jahren Dauer in einem Büchlein von nicht einmal 200 Seiten Umfang zusammenfassen? Diese Fragen bewegten skeptisch die Autoren, als ihnen die publizistische Aufgabe *Buddhismus. Ein Schnellkurs* aufgetragen wurde. Beide erinnerten sich jedoch daran, wie dringlich sie selbst auf ihren ersten Asienreisen nach einer elementaren Hilfe gesucht hatten, zum Verständnis all der sich auftürmenden religiösen Eindrücke, nicht zuletzt jenen des Buddhismus.

Und so schien letztlich doch der Versuch berechtigt, die Hauptlinien einer großen Religion verständlich zu machen, die aus der Lehre eines nordindischen Weisen hervorging, von Indien her weite Teile Süd- und Ostasiens prägte und bis heute wirksam ist. Wer über die Grundzüge schon informiert ist und akademische Bewertungen wünscht, hat also zweifellos das falsche Buch in der Hand. Nicht aber, so hoffen wir, all diejenigen, die eine erste Unterrichtung suchen.

Dennoch zwei Hinweise zu Problemen, die eher Fachkreisen auffallen werden: Bei der Bebilderung war es nicht immer möglich, die Textpassagen synchron zu illustrieren. Dies ergab sich teils daraus, dass der frühe Buddhismus – nach den erhaltenen Artefakten zu schließen – eine bilderlose Zeit war, teils aber auch aus dem kaum aussichtsreichen Unterfangen, Fragen philosophischer Natur adäquat zu bebildern.

Einen noch weiteren Spagat erforderte die Umschrift fremdsprachiger Begriffe, die ja einem ungewöhnlich großen Kulturraum mit unterschiedlichen Schriftsystemen entstammen. Die Verwendung diakritischer Zeichen wäre zwar auf das Lob von Indologen, Tibetologen, Japanologen usw. gestoßen, hätte das Buch für Laien jedoch schlichtweg unlesbar gemacht. Wir sind uns bewusst, dass unsere Umschriften anfechtbar sind, mussten aber eine Vereinfachung anstreben, wobei wir uns auf die gängigsten Schreibweisen jener populärwissenschaftlichen Werke stützten, die in Asien in lateinischer Schrift erscheinen.

Manfred Görgens / Frank Rainer Scheck

Einleitung

Der Buddhismus in Südasien

ab Mitte 3. Jt. v. u. Z.	Blüte der Harappa-Kultur im Tal des Indus
ab 1500	Einwanderung der Indo-Arier
ab 1000	Arier dringen in den Osten vor
spätes 6. Jh.	Einfall der Achämeniden im Nordwesten; Bildung indischer Großreiche
477 (?)	Tod Mahaviras, des Begründers des Jainismus
5. Jahrhundert (?)	Lebenszeit Buddhas
327–325	Alexander der Große am Indus
268	Der Maurya-Kaiser Ashoka auf dem Thron Magadhas, erstes indisches Großreich
ca. 250	Buddhistisches Konzil in Pataliputra; Mahinda führt Buddhismus auf Lanka (Ceylon) ein
ca. 183	Griechischstämmige Baktrer regieren über Gandhara, Förderung des Buddhismus, vor allem unter König Menander
1. Jahrhundert	Shatavahanas auf dem Dekkhan, Förderer der buddhistischen Kunst; Ausbildung des Mahayana; auf Ceylon Niederschrift des Pali-Kanons begonnen
ca. 75	Skythen in Gandhara, ihnen folgen die Kuhanas, die die buddhistische Lehre nach Zentralasien übermitteln
78 u. Z.	Beginn der Shaka-Ära, eventuell identisch mit dem ersten Regierungsjahr des Kushana-Herrschers Kanishka (ältere Datierung)
ca. 150	Geburt Nagarjunas
225	Beginn der Kanishka-Ära (neuere Datierung); Untergang der Shatavahanas
249	Einfall der persischen Sassaniden in Gandhara
ca. 275	Vakatakas auf dem Dekkhan fördern buddhistische Kunst
320	Aufstieg der Gupta-Dynastie, Ausbreitung über Nord- und Mittelindien, Hochblüte der indischen Kunst
4. Jahrhundert	Im Norden Indiens Höhepunkt des Yogacara mit den Brüdern Asanga und Vasubandhu; Ausklingen des Buddhismus in Südindien
399–414	Faxian bereist Indien
400–500 (?)	Lebensdaten Buddhaghoshas, berühmter Pali-Lehrmeister auf Sri Lanka

440	Gründung des Klosters Nalanda
455–500	Einfälle Weißer Hunnen in Gandhara, Zerstörung buddhistischer Klöster
5./6. Jahrhundert	Zerfall des Gupta-Reiches; hinduistische Dynastien auf dem Dekkhan
ab 6. Jahrhundert	Entwicklung des Vajrayana
606–647	Nordindien unter König Harshavardhana, der erneut den Buddhismus (und andere Religionen) fördert
629–645	Der chinesische Mönch Xuang-zang in Indien
637, 710–713	Vorstöße der Araber in Sind
770	Gründung der Pala-Dynastie, letzte Förderer des Buddhismus in Indien
um 800	in Kashmir Shivaismus statt Buddhismus
998–1030	Mahmud von Ghazni, mehrfache Raubzüge in Nordindien
ab ca. 1000	Renaissance des Theravada auf Sri Lanka
1095	Palas von hinduistischen Senas abgelöst
1186–1204	Islamische Ghoriden erobern Nordindien
1250	Ende des Buddhismus in Indien mit dem Untergang des letzten bengalischen Fürstentums (Pattikhera)
1505	Landung der Portugiesen auf Sri Lanka, Zwangskonvertierungen und wirtschaftlicher Einbruch lösen eine Krise des Theravada aus
Mitte 18. Jh.	Buddhismus auf Sri Lanka durch Mönche aus Burma und Thailand wiederbelebt

Der Lotos, Symbol der Makellosigkeit, wächst in höchster Reinheit aus dem Schlamm des *samsara*. Sein Stängel ist die Weltachse, von der die Blätter in alle Himmelsrichtungen ausgehen.

An der Grenze zu Indien, zu Füßen des Himalaya, liegt das nepalesische Pilgerziel Lumbini, der Geburtsort Buddhas. Auf einer Säule aus poliertem Sandstein ist dort folgende Inschrift zu lesen: »König Priyadarshi, Liebling der Götter, besuchte 20 Jahre nach seiner Krönung persönlich diesen Ort und huldigte der Stätte, weil hier der Erhabene, der Weise aus dem Geschlecht der Shakya, geboren wurde.«

Die Edikte Priyadarshis, der Welt bekannt als Kaiser Ashoka (3. Jahrhundert v. u. Z.), haben wesentlich dazu beigetragen, dass sich die Lehre einer kleinen Mönchsgemeinde über ganz Indien und weiter über große Teile Asiens verbreiten konnte. Der Weg zu solchem Erfolg

> »Die buddhistische Religion drückt einen schönen Abend aus,
> eine vollendete Süßigkeit und Milde – es ist Dankbarkeit gegen
> alles, was hinten liegt; mit eingerechnet, was fehlt: die Bitter-
> keit, die Enttäuschung, die Rancune; zuletzt: die hohe geistige
> Liebe; das Raffinement des philosophischen Widerspruchs ist
> hinter ihm, auch davon ruht es aus; aber von diesem hat es noch
> seine geistige Glorie und Sonnenuntergangsglut.«
>
> Friedrich Nietzsche, *Der Wille zur Macht*

war eine Revolte des Geistes, beinahe erzwungen durch
das Erfordernis, sich der Fesseln von Traditionen und
starren Lehrmeinungen zu entledigen, wie sie die vedische Religion vertrat.

In der indischen Frühzeit nach der arischen Einwan-
derung glaubte und verkündete Ashoka die Existenz
von 33 Göttern, denen auf Erden Opfermahle einge-
richtet werden müssten. Die Priester, die durch ihre
Rezitationen den jeweils gewünschten Gott zu Tisch
herabführten, genossen eine Sonderstellung in der
Gesellschaft und vermochten diese schließlich zu
überhöhen und zu missbrauchen. Neben den Brahmanen gab es weitere Stände *(varna)*, die Krieger *(kshatriya)* sowie die Händler, Handwerker und Bauern
(vaishya), die das Wissen *(veda)* um die kosmischen
Zusammenhänge aber nicht selbst besaßen. Denn
die Priester haben ihre Traditionen und Dichtungen
geheim gehalten.

Die von den arischen Einwanderern unterworfenen
Völker waren ohnehin von Geburt her zu Dienern *(shu-
dra)* degradiert oder sogar als Unberührbare *(paria)*
verstoßen, ein Schicksal, dem sie sich zu fügen hatten
und für das sich auch eine Rechtfertigung ausprägte:

> »Die wahre Unmöglichkeit, über den Buddhismus adäquat zu
> reden, liegt in ihm selbst. Ja, wenn sie sich aufhellt, ahnt
> man seinen Umfang. Näher als im Wort, das ihn bereden will,
> scheint er im Wort, das an ihm verstummt.«
>
> Heinrich Zimmer, *Yoga und Buddhismus*

Hatte einst der Lebenswandel als verantwortlich dafür gegolten, ob ein Wesen nach seinem Tod zu den Göttern findet oder zur Hölle fährt, so war er nun schicksalgebend für eine nächste Existenz. Eine Geburt *(jati)*, ein Leben, ein Dasein als Mensch, Tier oder Gott, ein zermarterndes Leid oder das Glück auf Erden – nichts davon, so lautete die Lehre, geschah zufällig, nichts davon war während einer ablaufenden Existenz noch umzulenken. Die Summe begangener guter oder schlechter Taten *(karman)* bestimmte vielmehr das nächste Dasein.

Ein blinder Brahmane wird von einem jungen Asketen geführt, der ein Reliquiar in der Hand hält. Schieferrelief aus Gandhara, Nordpakistan, ca. 2. Jahrhundert u. Z.

Jati wurde zum Schlüsselwort der indischen Gesellschaft. Die Wiedergeburt ist unausweichlich, ein Ergebnis früheren Lebenswandels, der immer wieder, in einem ewigen Kreislauf *(samsara)*, Entlohnung oder Vergeltung fordert. Dass damit bestehende Macht- und Sozialstrukturen sanktioniert werden, liegt auf der Hand. Zugleich besitzt das Konzept aber eine metaphysische Dimension. Sie ist verbunden mit den Fragen, ob es ein Entrinnen aus dem Samsara gibt, ob die letztlich sinnleere Verstrickung in den Kreislauf der Reinkarnationen auch einen Pfad der Erlösung vorsieht, ob *atman,* das ›Selbst‹ als Kern eines jeden Wesens, den Durst nach neuer Geburt überwinden und wieder eins werden kann mit *brahman,* dem höchsten Weltprinzip.

Einen Heilsweg ahnten die Denker des Brahmanismus in der Erkenntnis, dass Brahman und Atman letztlich identisch sind, dass keine Allmacht die Welt erschafft, erhält und zerstört, sondern das Selbst. *Tat tvam asi* heißt die Formel, die diese Einsicht auf den Punkt bringt: ›Das bist du!‹ Dies war nun allerdings keine allgemeingültige, bis ins Detail geklärte Erkenntnis, sondern Thema hitziger und oft abstruser Debatten, deren Ergebnisse komplex und widersprüchlich ausfielen. So hatten diese philosophischen Lehren den Massen wenig zu bieten. Asketen wandten sich angewidert ab und suchten ihr persönliches Heil in der Selbstkasteiung, meist mit dem Zweck, durch Erlangung von Wunderkräften gottgleich zu werden. Aber auch dieser entbehrungsreiche Weg enthielt keine Botschaft an die Allgemeinheit.

Eine solche Botschaft war indes umso mehr gefragt, je weiter die Arier, dem Lauf des Ganges folgend, in den Osten vordrangen. Hier begegneten sie neuen Kulturen und Herausforderungen, gegen welche die apodiktischen, verstiegenen Denkweisen der Priester verstummten. Je geringer ihre Autorität, desto bedeutender wurde die Rolle der militärischen Machthaber, der Kshatriyas, auch für die spirituelle Führung.

Einen tiefgreifenden Wandel brachte zugleich der Vorstoß des Perserkönigs Dareios I. an den Indus gegen Ende des 6. Jahrhunderts v. u. Z. Die neuen Wirtschafts-, Verwaltungs- und Sozialsysteme, mit denen das Land nun in Berührung kam, hinterließen bei den indischen Herrschern einen ebenso nachhaltigen Eindruck wie die plötzliche Offenbarung einer viel größeren Welt, in der sich die Schlachten am Ganges als nichtig ausnahmen. Der Handel mit dem Westen führte zur Blüte im Osten, ließ neue indische Reiche und Machtkonstellationen entstehen.

Gomateshvara, einer der mythischen Vorgänger des Mahavira. Kolossalstatue von 983 u. Z. in Shravana Belgola, Südindien. Die ›Furtbereiter‹ (tirthankara) des Jainismus werden anders als Buddha stets nackt dargestellt.

Die Welt des 6. Jahrhunderts v. u. Z. war größer geworden, die Starre und Unzulänglichkeit der alten Welterklärungen wurde zunehmend als schmerzhaft empfunden. Fast notwendigerweise war dies eine Zeit, in der sich spirituelle Umbrüche vollziehen mussten. Und es ist kein Zufall, dass sie sich nicht irgendwo an der Peripherie des indischen Subkontinents vollzogen, sondern in seinem zivilisatorischen Kerngebiet. Nacheinander brachte Magadha, eines der neuen Reiche in Nordindien und eine der Kornkammern des Landes, zwei Persönlichkeiten hervor, die mit den vedischen Traditionen brachen, den Glauben an einen Götterhimmel hinter sich ließen und als Religionsstifter ganz neuer Art tiefen Einfluss gewannen: Mahavira, den letzten in einer Reihe von angeblich 14 ›Furtbereitern‹ des asketischen Jainismus, und vor allem den Fürstensohn Siddharta Gautama, den Buddha.

Lebensdaten und Legenden

Ende des 19. Jahrhunderts traf ein französischer Forscher die heute erstaunlich klingende Feststellung, Buddha sei keine historische Figur, die Legenden um ihn deuteten vielmehr auf einen Sonnenmythos hin. Aber vielleicht ist diese Interpretation ja gar nicht so erstaunlich, war die Buddha-Forschung doch lange Zeit ausschließlich auf märchenhafte Quellenwerke angewiesen, etwa das *Lalitavistara* (›Entfaltung des göttlichen Spiels‹), eine Textsammlung aus mehreren Jahrhunderten, die das Leben des Religionsstifters in ein Gewebe von Wunderberichten kleidete und den Meister damit der historischen Konturierung entzog. Zugleich bezeugt die ursprüngliche Lehre selbst, dass die verbürgte historische Gestalt und die wissenschaftliche Erforschung ihres Erdendaseins ohne Bedeutung für den Heilsweg sind, ja, dass die Verehrung des Menschen Buddha auf einen unheilvollen Irrweg führt.

Im Übrigen wurde der historische Buddha schon bald nach seinem Tod nicht als ein einmaliges Wesen verstanden, sondern als wiederkehrendes Phänomen, das sich immer wieder, zuletzt eben in Gestalt eines Fürstensohnes namens Siddharta Gautama, manifestiert habe. Andere *tathagatas* (›So Gegangene‹) seien lange vor dem historischen Buddha erschienen. All diese Großen jedoch verkündeten die gleiche Lehre, zu der sie im Laufe unzähliger vorausgegangener Existenzen gefunden hatten. Schon früh ist die Rede von bis dahin sieben Tathagatas, deren letzter Siddharta sei. Folgen werde ihm als zukünftiger Erlöser Maitreya. Das Wort ›Erlöser‹ kann in die Irre führen: Maitreya ist durchaus kein Messias, wie ihn Juden und Christen kennen, vielmehr wird er noch einmal, nach Äonen der Finsternis und Unwissenheit, den Weg des Buddha gehen, um aus der Möglichkeit der Erlösung eine beispielhafte Wirklichkeit zu machen.

Der historische Buddha, bekannt als Shakyamuni (›Der Weise aus dem Geschlecht der Shakya‹), war

Die Geburtslegende (nach dem *Lalitavistara*)

Die Legende von Buddhas Geburt beginnt mit einem Engel, der aus dem Tushita-Himmel voller Mitleid zur Erde herabblickt und den leidenden Wesen dort unten die Erlösung wünscht. Um sie aus ihrer Not zu befreien, nimmt er in Gestalt eines weißen Elefanten von Maya Besitz. Wie Maria, die Mutter Gottes, so hat auch die Gattin des Fürsten Shuddhodana bis dahin ein Dasein in völliger Keuschheit geführt. Im Traum trägt eine Wolke sie in einen himmlischen Palast, wo der weiße Elefant, ohne Schmerz zu bereiten, in ihre Seite eindringt. Die Idee einer ›unbefleckten‹ Empfängnis ist also nicht singulär; in ihrer frühesten Fassung stammt sie vielleicht aus dem alten Indien.

Nach zehnmonatiger Schwangerschaft erlebt Maya die Geburt auf bemerkenswerte Weise: Eine Reise führt sie in den Hain von Lumbini, wo sie, stehend und mit der rechten Hand den Zweig eines Teakbaumes ergreifend, das Kind aus der rechten Hüfte gebiert. Der Neugeborene, dem seine früheren Existenzen bereits bewusst sind, entsteigt seinem Bett aus Lotosblüten, um sieben Schritte in jede Himmelsrichtung zu tun. Dann verkündet der Knabe (vgl. Abb. S. 17), der schon mehrere Sprachen beherrscht, dass er zur Erlösung finden werde. Überhaupt sind seine Fähigkeiten wundersam, ob im Ringkampf oder in der Mathematik, besonders aber im Bogenschießen. Am fünften Tag seiner Erdenexistenz erhält das Kind den Namen Siddharta (›Der das Ziel erreicht hat‹). Der Beiname Gautama geht auf einen Brahmanen zurück, welcher dem Shakya-Fürsten als Berater zur Seite stand. Eine Woche nach der Geburt stirbt Buddhas Mutter. Ihre Schwester, Mahaprajapati, übernimmt die Erziehung und wird später die Frau von Shuddhodana. Ihr Einfluss auf Siddharta ist von großer Bedeutung; sie ist es auch, die ihn später dazu bewegt, einen Nonnenorden zu gründen (vgl. S. 23).

Buddha geht in Gestalt eines Elefanten in den Leib seiner Mutter Maya ein. Steinrelief aus Bharhut, Nordindien, 2./1. Jahrhundert v. u. Z.

Maya gebiert Buddha aus ihrer Hüfte. Schieferrelief aus Gandhara, Nordpakistan, 2. Jahrhundert u. Z.

»Knapp zwölf Meilen östlich von hier erreichen wir die Stadt Kapilavastu. Sie besitzt weder einen König noch Einwohner; sie ist wie eine riesige Wüste. Es gibt dort nur eine kleine Gemeinde von Priestern und etwa zehn verstreut siedelnde Familien. An der Stelle des verfallenen Palastes von Shuddhodana befindet sich ein Bildnis der Mutter des Prinzen, auf dem der Prinz, reitend auf einem weißen Elefanten, in ihren Leib eindringt.«

der Chinese Faxian, zwischen 399 und 414 u. Z.
als Pilger an den heiligen Stätten des Buddhismus

Spross eines nordindischen Geschlechts. Die Shakya-Fürsten hatten ihren Sitz in Kapilavastu (wahrscheinlich Tiraulakot in Nepal) und besaßen dort Teilautonomie über eine Provinz des Großreiches Koshala. Im Hain von Lumbini nahe der Hauptstadt wurde um 500 v. u. Z. Siddharta Gautama, der spätere Buddha, als Sohn des Fürsten Shuddhodana und seiner Gattin Maya (›Die Illusion‹) geboren. Als Geburtsjahr gilt der älteren Literatur zumeist das Jahr 563, während neuere Theorien erst auf das 5. oder gar 4. Jahrhundert v. u. Z. weisen. Die buddhistische Tradition geht von einem – sicherlich unzutreffenden – Datum vor 600 v. u. Z. aus.

Einig sind sich die Quellen darin, dass Buddha im Alter von 80 Jahren starb. Er hatte mit 29 Jahren Gattin, Sohn und Elternhaus verlassen, sechs Jahre später die Erwachung (in der älteren Literatur: Erleuchtung) erlangt und dann den Rest seines Lebens der Verbreitung der Lehre gewidmet. Den von ihm überlieferten Reden lassen sich Fragmente einer Biografie entnehmen. Reicher und plastischer ist die Legendenbildung, die sich auch um seine früheren Existenzen rankt. Bei der Beschreibung des Werdegangs vom Fürstensohn über den Asketen zum Erwachten und Lehrer lässt sie sich kaum zuverlässig von den Fakten trennen.

Der Fürstensohn als Asket
Ein Mensch, der im Luxus lebt, aber die Selbstkasteiung vorzieht, um nach einer – noch ungewissen – Heilslehre zu streben, ist entweder ein hoffnungsloser

Außenseiter oder Urgestein des Neuen. Der ungewöhnliche Übergang vom Fürstensohn zum Asketen
wird vom späteren Buddhismus in eindrucksvollen
und beziehungsreichen Mythen dargestellt, wobei
die Wonnen im elterlichen Palast den denkbar größten
Kontrast zu den Entbehrungen in den Jahren der Askese bilden.

Am Hof eines – wohl eher bescheidenen – Adelssitzes
werden dem jungen Siddharta die Verlockungen des
Lebens geradezu aufgedrängt. Dem Vater war nämlich
geweissagt worden, der Sohn werde entweder zum
Herrscher oder aber zum Welterlöser avancieren: das
eine, wenn ihm der Anblick irdischen Leids erspart
bleibe, das andere, wenn ein Asket ihm deutlich mache,
wie er dem Weltenleid entrinnen könne. Shuddhodana
richtet seinem Sohn den Palast daraufhin als Goldenen
Käfig ein und ist glücklich, als sich Siddharta in Prin-
zessin Yashodhara verliebt und mit ihr einen Sohn zeugt.
Doch der Luxus wird Siddharta zur Fessel und treibt
den Neugierigen zu drei Ausritten nach Kapilavastu,
bei denen er nacheinander einem Greis, einem Pest-
kranken und einem Leichenzug begegnet.

Das Entsetzen über die Lebensqual, die jeden Menschen unausweichlich bedrängt, bewegt den Fürstensohn zu einem vierten Auszug in die Stadt. Dabei
kreuzt ein Wanderasket seinen Weg und erklärt ihm,
er selbst sei durch die Abkehr von allem Weltlichen zu
innerem Frieden jenseits von Freud und Leid gelangt.
Siddharta ist diese Begegnung eine Offenbarung; ihm
erschließt sich die Vorausbestimmtheit seines irdischen Daseins.

Buddhas Reden, wie sie uns überliefert sind, verzichten weitgehend auf die Bildhaftigkeit der Legende.
Nüchtern schildert der Meister seinen letzten Auszug
aus dem Palast, den Aufbruch in die Heimatlosigkeit.
Alles, auch sein Name Siddharta, geht damit verloren.
Als wandernder Mönch *(shramana)* studiert Gautama
eine Zeitlang die Lehren der Brahmanen Arada Kalama

Buddha Shakyamuni als
Knabe. Szene unmittelbar
nach der Geburt. Der Kna-
be steht auf einem Lotos
und zeigt auf Himmel und
Erde. Chinesische Bronze
der Ming-Zeit (1368–1644)
nach einer Urform aus
Gandhara

Der heimliche, nächtliche Auszug des Fürstensohns Siddharta aus dem elterlichen Palast. Darstellung in einer Handschrift von 1776, Thonburi, Thailand.
Der Prinz reitet das Pferd Kanthaka, Genien *(apsaras)* tragen die Hufe des Pferdes und ersticken so jeden Laut, während Gott Indra das Maul des Pferdes schließt, um sein Wiehern zu verhindern. Der hier vierköpfig dargestellte Dämonenfürst Mara versucht, den Prinzen mit irdischen Verlockungen zurückzuhalten. Siddhartas Stallknecht Chandaka umklammert den Schweif des Pferdes.

und Udraka Ramaputra, doch erkennt er in ihren Theorien nur die Starre und das Verhaftetsein im Vergänglichen, das er gerade überwinden will. So entscheidet er sich mit fünf anderen Mönchsgefährten für Meditation und Askese nach den Methoden verschiedener einflussreicher Shramanen. Insbesondere ging es hier wohl um die Auseinandersetzung mit der Lehre des Mahavira (vgl. S. 13), der jedwede Handlung, auch die unwillkürliche oder unabsichtliche, als Kettung an den Körper (und damit als Verstrickung in Wiedergeburten) ansah. Entsprechend konnte die spirituelle Lösung nur in der Handlungslosigkeit, mit letzter Konsequenz im bewusst auf sich genommenen Verhungern bestehen.

»Nicht lange danach zog ich, der Jüngling mit schwarzem Haar, glücklich in meiner Kindheit und nun gerade ein Mann, gegen das Sehnen von Vater und Mutter, die tränenüberströmt klagten, nachdem ich mir Kopf- und Barthaar geschoren und das prachtvolle Gewand gegen die gelbe Kutte getauscht hatte, hinaus aus der Heimat in die Heimatlosigkeit.«

aus Buddhas Rede vom rechten Forschen, *Majjhimanikaya 26*

Nach Jahren geradezu übermenschlicher Kasteiungen und Selbsterniedrigungen begreift Buddha, dem Tod schon nahe, dass auf dem Weg des Mahavira (Begründer des Jainismus) weder Ruhe noch Tugend zu erlangen ist, sondern nur eine neue, noch qualvollere Konfrontation mit der menschlichen Vergänglichkeit stattfindet. So wie er zuvor zum Kummer der fürstlichen Familie dem Luxus entsagte, so beendet er nun diese Etappe auf seinem Erkenntnis- und Erlösungsweg mit dem natürlichsten Akt der Welt: Er isst Reis und nimmt ein Bad im Fluss. Seine fünf Mönchsfreunde freilich sind entsetzt und kehren sich von ihrem Gefährten ab. Doch markiert das Ende der Askese nur das Überschreiten aller vorgegebenen Lehren und ist die erste Handlung auf dem großen Pfad zwischen Wonne und Leid.

Blatt vom Bo-Baum aus Bodh Gaya; der Originalbaum wurde vom bengalischen König Shashanka († 625 u. Z.) zerstört, der heutige Baumriese in Bodh Gaya ist ein Ableger des 2200 Jahre alten Baumes in Anuradhapura, der wiederum vom Originalbaum abstammen soll.

Erwachung unter dem Bo-Baum und ›Andrehen des Lehrrades‹

Am Geburtstag des Siddharta, so will es die Legende, keimte im Wald von Uruvela beim heutigen Gaya in Nordindien ein Feigenbaum *(Ficus religiosa)*, den der Shakya-Sohn nun erkennend umschreitet, um anschließend unter der Baumkrone sein Lager für die bevorstehende Erwachung zu bereiten.

Noch einmal die Ausgangssituation: Der Kreislauf menschlichen Leidens in unaufhörlicher Wiedergeburt verlangt nach einer Erlösung oder Errettung, die in den geläufigen Lehren nicht zufriedenstellend aufgezeigt ist. Das Ziel des Shakyamuni Siddharta Gautama ist

Der unter dem Bo-Baum meditierende Siddharta, die rechte Hand in *bhumisparshamudra* (vgl. S. 179), wird von den Dämonen Maras bedrängt. Palmblattminiatur von 1177, Nordindien

die widerspruchsfreie Auflösung eines gedanklichen Problems und eine Erfahrung jenseits der Vergänglichkeit. Erreichen will er dies statt durch asketische Abtötung des Körpers und seiner Funktionen durch geistige Versenkung abseits irdischer Zerstreuung und durch bewusste, von Sinnengier befreite Wahrnehmung. Dass der Meditierende das tiefste Ziel der indischen Geisteswelt in Nachtwachen erlangt, verweist auf ein Geheimnis der menschlichen Psyche, nämlich ihre Fähigkeit, jenseits äußerster Ermüdung Euphorie entwickeln und sich so alten Fragen radikal neu stellen zu können.

Die Nachtwachen verbringt Gautama – wir folgen der Legende – wieder im Spannungsfeld der Extreme. Die personifizierte Erde, die bereits um die bevorstehende Erwachung des Fürstensohnes zum Buddha weiß, steht ihm zur Seite, als der um seine Macht bangende Dämon Mara den Meditierenden mit Verlockungen und mit Gräueln von seinem Erleuchtungspfad abbringen will. Doch weder wollüstige Verführerinnen

noch blutrünstige Teufel oder das Unterpfand einer Allmacht über die Welt vermögen den Shakya-Sohn zu
beirren. In weiteren, jetzt selbst von Mara ungestörten
Nachtwachen findet Gautama zur Erleuchtung, weltlich
gesprochen: zur Lösung des Problems. Der *bodhisattva,*
der ›Anwärter auf die Erwachung‹, wird zum *buddha,*
zum ›Erwachten‹.

Auf sieben Tage und Nächte der Versenkung folgen
vier Wochen Aufenthalt bei dem Feigenbaum. In dieser
Zeit quält Mara den Buddha mit einer letzten Versuchung: Da die Erwachung nicht in Worte zu kleiden und
der Weg dorthin nicht zu reglementieren sei, habe er
kein Mittel, den Menschen seine Lehre zu vermitteln.
Darum solle er, statt zu versuchen, den Unwissenden
Beistand zu leisten, die irdische Hülle verlassen und
ins *nirvana* (›Verwehen‹; vgl. S. 48f.) eingehen. Doch
Buddha überwindet auch diese Verlockung und be-
schließt, den Mittleren Pfad zur Ruhe, zum Wissen, zur
Erwachung und zum Verwehen seinen Mitmenschen zu
verkünden. Im Gazellenhain zu Sarnath trifft er auf seine
fünf alten Mönchsgefährten, die noch dem Asketentum
anhängen und ihn zunächst als Vielfraß verspotten,
dann aber seiner berühmten Rede von den Vier Edlen
Wahrheiten lauschen, mit der das Rad der Lehre *(dharmachakra)* unaufhaltsam in Gang gesetzt wird.

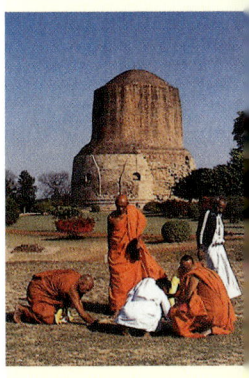

Mönche vor dem aus Stein
und Ziegel errichteten
Dhamek-Stupa (4./5.
Jahrhundert u. Z.) in
Sarnath, Nordindien.
Hier hielt der Erwachte
seine erste Predigt.

Die Missionsjahre des Erwachten

Die Beschaulichkeit der Szene im Gazellenhain, wo
selbst die Tiere dem Wort des Buddha lauschen, lässt
vorausgegangene Missschläge vergessen. Nachdem
der Erwachte in Bodh Gaya zwei Händler, Trapusa und
Bhallika, mit seinen Gedanken beeindruckt hat, will
er den beiden Brahmanen, deren Schüler er einst war,
seine Lehre vorstellen, doch sind sie inzwischen ver-
storben. Beinahe grotesk verläuft dann das Zusammen-
treffen mit einem Wanderasketen, der schon bei den
ersten Worten des Erwachten Reißaus nimmt. In Sarnath
trägt Buddha deshalb zaghaft zunächst den Freunden,

die mit ihm Askese geübt hatten, seine Lehre vor. Der kritische Punkt ist überwunden, die strengen Asketen sind überwältigt von den einsichtsvollen Reden und augenblicklich bereit, dem Erwachten bei seiner Mission beizustehen.

Es folgen 45 Jahre der Wanderung durch den Nordosten des indischen Subkontinents, in denen Buddhas Anhängerschaft schnell zunimmt. Vielerorts werden bis heute überlebensgroße ›Fußabdrücke‹ gezeigt, die Bildhauer nach dem Besuch des Erwachten in den Stein schlugen. Der Legende nach wuchs überall dort ein Lotos, wo Buddha seinen Fuß aufsetzte. Die Pflanze, deren Blütenlager er bald nach der Geburt entstieg, vereint Schönheit mit Dauerhaftigkeit (vgl. S. 9). Ihr Samen, so weiß man heute, behält noch nach tausend Jahren die Kraft zum Keimen – so wie es sich auch für die Lehre bewahrheitete.

Die Mission des Buddha zielte zunächst auf die geistige Elite aus den Reihen der Kriegerkaste, in seltenen Fällen wurden auch Brahmanen bekehrt. Dagegen blieb die Auseinandersetzung mit dem Volk auf Trostspendung beschränkt; die einfachen Glaubensvorstellungen gewährten keinen Zugang zu der neuen, komplexen Lehre. Auf breiter Ebene wirksam wurde jedoch die Suggestivkraft spektakulärer Ereignisse an den Fürstenhöfen. König Bimbisara von Magadha erkannte die buddhistische Lehre an, und Prasenajit von Koshala forderte Buddha auf, im Wettstreit gegen erlesene Denker anderer Schulen anzutreten.

Solche Wortduelle, bei denen dem Sieger hohe Preise winkten, hatten eine lange Tradition. Doch anders als etwa der gefeierte Brahmane Yajnavalkya, der alles Blendwerk aufbot, um die Zuhörer zu beeindrucken und den erwünschten materiellen Lohn einzustreichen, suchte

Der Buddha des Großen Wunders von Shravasti, bekannt auch als Feuer- und Wasser-Wunder. Buddha erweist sich hier als Herr der Elemente, Flammen schlagen aus seinen Schultern, Wasser strömt aus seinen Füßen. Skulptur aus Afghanistan, ca. 3. Jahrhundert u. Z. Shravasti, das heutige Maheth an der Grenze zu Nepal, war zu Buddhas Zeit die Hauptstadt des Reiches Koshala. Der Erwachte soll im nahegelegenen Jetavana-Kloster 25 Jahre lang gewirkt und dort mehrere Wunder vollbracht haben.

Buddhistische ›Nonnen‹ in Burma. Es handelt sich um so genannte Acht-Gebote-Frauen, die in ihrem Status den ordinierten Mönchen – sie haben weitere Gebote einzuhalten – nicht unmittelbar vergleichbar sind. Einen buddhistischen Frauenorden und Frauenklöster gibt es in den Ländern des Hinayana nicht mehr.

Buddha das Wortgefecht nur, um wahrhaftig seine Mitmenschen zu überzeugen. Wunder begleiten der Legende zufolge den Wettkampf. Sie bezeugen, welche Kraft von der Aufrichtigkeit des Erwachten ausgeht.

Allein schon mit dem Gedanken einer Mission war ein humaneres Weltbild verbunden, das eine Brücke zu den Sorgen der Menschen schlug. Nicht die Kastenzugehörigkeit, sondern Intellekt und Bereitschaft entschieden darüber, ob eine Heilsfindung möglich war. Damit wurde die indische Schicksalergebenheit durchbrochen und der Nutzen einer Lebensbesserung nicht grundsätzlich auf eine spätere Existenz hinausgeschoben.

Den letzten revolutionären Schritt tat Buddha, als er 32 Jahre nach seinem Auszug noch einmal ins Elternhaus zurückkehrte. Er führte seine Familie auf den Mittleren Pfad (vgl. S. 21) und gelangte dann in einer Unterredung mit seiner Adoptivmutter Mahaprajapati zu der Erkenntnis, dass ein Nonnenorden gegründet und somit auch allen Frauen Gelegenheit gegeben werden müsse, den Heilsweg zu beschreiten. Die Gleichstellung der Geschlechter ist hier in einer Weise vollzogen, die anderen Weltreligionen lange fremd blieb.

Im Alter von 80 Jahren, als sich Buddha in Kushinagara (heute Kashia, Bihar) aufhielt, nahm er eine Speise zu sich, die in den Quellen als ›Eberweich‹ bezeichnet

Nach dem Reliquien-
streit wird die Asche
Buddhas durch die Ver-
mittlung des Brahmanen
Drona, dargestellt in der
Mitte, unter acht Herr-
scher Nordindiens aufge-
teilt. Ursprünglich wurde
die Szene links und rechts
von Säulen flankiert.
Schieferrelief aus Gan-
dhara, Nordpakistan,
3. Jahrhundert u. Z.

wird. Dass es sich um Wildschwein handelte, wird mit
Hinweis auf das buddhistische Tötungsverbot oft bestritten; möglicherweise bezieht sich der Begriff auf
einen Pilz. Jedenfalls starb der historische Buddha an
einer Lebensmittelvergiftung. Er verwehte für die Welt,
doch ließ er das Licht seiner Lehre zurück.

Nach alter Sitte übergaben die Bürger von Kushinagara die sterbliche Hülle dem Scheiterhaufen. Nun aber
wurden sie, so die Legende, unvermutet Opfer einer
Belagerung. Acht Regenten stritten um den Besitz des
Leichenbrands, bis ein Brahmane zur Teilung der Asche
riet. Sie wurde von den weltlichen Führern heimgetra-
gen und unter acht Hügelgräbern beigesetzt.

Die erste Ordensgemeinde

Als erste ›Bettelmönche‹ *(bhikshu)* traten Trapusa,
Bhallika und die erwähnten fünf Mönchsfreunde Buddhas, Ashvajit, Bhadrajit, Kaundinya, Mahanama und
Vaspa, dem neuen Orden *(sangha)* bei. Yasha, ein von
Schwermut befallener Kaufmannssohn aus Varanasi
(Benares), überwand durch Buddhas Beistand seine
seelische Krankheit und schloss sich der Gruppe an,
gefolgt von weiteren 54 jungen Männern aus der Stadt
am Ganges. Nachdem sie alle in die Lehre eingewiesen
waren, trennten sie sich voneinander, um als Seelsorger
und Missionare auf jeweils eigenen Wegen durchs Land

zu ziehen. Den Lebensunterhalt bestritten sie aus Almosen, die Laiengläubige ihnen überließen. Solche Förderer fanden sich insbesondere in der aufstrebenden Händlerkaste. Der spirituelle Lohn für ihre Mildtätigkeit wie auch für andere gute Taten bestand in der Aussicht auf eine bessere, dem Erwachen näher gerückte Wiedergeburt. Im Übrigen blieb niemandem, der sich zu den Geboten des Ordens bekannte, die Aufnahme verwehrt.

Laiengläubige hatten fünf Weisungen zu befolgen, die sich mit ihrem weltlichen Alltag ohne weiteres in Einklang bringen lassen: Sie sollten kein Lebewesen töten, nichts annehmen, was nicht freiwillig gegeben wurde, sich von der Sinnenlust zu keinem unrechten Lebenswandel verleiten lassen, nicht lügen und keine berauschenden Getränke zu sich nehmen.

Für Mönche galt darüber hinaus der Verzicht auf Nahrungsaufnahme nach der Mittagszeit, auf Zerstreuungen wie Tanz und Musik, auf Schmuck, Kosmetika, komfortable Nachtlager und den Besitz von Geld. In späterer Zeit entstand ein umfangreicher Katalog von Verhaltensregeln, die der Ordensgemeinde jeweils am Voll- und Neumondtag vorgetragen wurden, damit die Mönche Gelegenheit hatten, eventuelle Verstöße öffentlich zu bekennen. Keine Vergebung war möglich bei Mord, Diebstahl und der wissentlich falschen Behauptung, zur Erwachung gelangt zu sein. Geschlechtsverkehr, verstanden als die stärkste Fessel an die Vergänglichkeit, war ebenfalls ein zwingender Grund für den Ausschluss aus der Mönchsgemeinschaft.

Schon zu Lebzeiten Buddhas befolgten Tausende von Menschen diese Ordensregeln, ein Beleg für die Überzeugungskraft des Lehrers. Zwar wurde die Bewegung von Zeitgenossen kritisch als Massenflucht betrachtet, aus heutiger Sicht ist in der schnell wachsenden Schar der Anhänger die spirituelle Ausstrahlung Siddharta Gautamas erkennbar.

Einer der ›Ältesten‹ *(sthavira),* welche die buddhistische Lehre in einer ersten Mission verbreiteten. Tibetische Malerei des 18. oder 19. Jahrhunderts

Buddhas Schüler und Jünger

Nachdem Buddha in Sarnath die ersten Gefolgsleute gewonnen hatte, zog er allein zurück nach Uruvela. Er traf dort mit einer Gruppe von Brahmanen zusammen, herausragenden Denkern seiner Zeit. Geistige Führer dieser Gruppe waren die drei Brüder Kashyapa, von denen vor allem Maha Kashyapa (›Der Große Kashyapa‹) als Leiter des ersten Konzils Bedeutung für die frühe Geschichte des Buddhismus erlangen sollte. Die Bekehrung der hochangesehenen Brüder führte dazu, dass sich gleich Hunderte von Brahmanen zu Buddhas Lehre bekannten – ein aufsehenerregendes Ereignis, das sogar König Bimbisara von Magadha aufhorchen und ihn bald darauf zum Laiengläubigen werden ließ. Die politische Unterstützung durch den Fürsten von Magadha bewirkte wiederum, dass breite Schichten mit der neuen Lehre vertraut wurden.

Zwei von Buddhas Lieblingsschülern waren Brahmanen aus Magadha: Shariputra, der wegen seiner hohen Bildung und Weisheit gerühmt wurde und eine wichtige Funktion als Mittler zum Volk übernahm, sowie Maudgalyayana, dem man übernatürliche Kräfte zuschrieb – wahrscheinlich die Fähigkeiten, die er als Asket erworben und im Rahmen der Meditationslehren Buddhas weiterentwickelt hatte. Beide, Shariputra und Maudgalyayana, sind vor Buddha gestorben.

Shariputra, ein Lieblingsschüler Buddhas. Tibetische Holzskulptur mit Goldauflage

In den späteren Lebensjahren des Meisters waren es zwei seiner Familienangehörigen, die ihn als Vertraute auf seinem Heilsweg begleiteten: sein Sohn Rahula und sein Vetter Ananda. In den kanonischen Schriften beginnen die Reden Buddhas oft mit einem: »So wurde es von mir gehört«. Der Zeuge, der dies sagt, ist eben jener Ananda, der angeblich 84.000 Aussprüche des Erwachten im Gedächtnis behielt. Ananda war es auch, der den sterbenden Buddha mit Tränen verabschiedete – ein uns geläufiges, für buddhistische Mönche aber seltenes und seltsames Bild, da die Lehre das irdische Dasein ja als Leiden und das Dahinscheiden eines Erwachten als Konsequenz seiner Erlösung auffasst.

Anders als der gütige Ananda erlangte Devadatta, ein anderer Vetter Gautamas, zweifelhafte Berühmtheit als Bösewicht. Devadatta war ein strenger Asket, der für den Orden eine straffere Ordnung und größere Weltabgeschiedenheit forderte. Es kam hierüber zu einer Auseinandersetzung, die möglicherweise für die Missionsarbeit und die Zukunft der Mönchsgemeinde eine große Belastung darstellte. Die Legende entwickelte daraus jedoch ein viel dramatischeres Szenario: Ajatashatru, Sohn des Königs Bimbisara, bereitet einen Putsch gegen seinen Vater vor und verbündet sich dazu mit Devadatta gegen Buddha, den Freund und Berater des regierenden Königs. Es wird von Anschlägen auf das Leben Gautamas berichtet, die aber angesichts der übernatürlichen Fähigkeiten des Erwachten allesamt scheitern. Devadatta wird übrigens nicht nur als Widersacher des historischen Buddha genannt, sondern erscheint auch in den Erzählungen über frühere Existenzen Siddharta Gautamas in unterschiedlicher Gestalt als Verkörperung des Bösen.

Ananda bringt als Zeichen seiner Bekehrung Buddha Speisen dar. Schieferrelief aus Gandhara, Nordpakistan, ca. 2. Jahrhundert u. Z.

Die ersten Konzilien

Zwar liegen die Reden Buddhas heute schriftlich vor,
und es gibt Übersetzungen in allen Weltsprachen, doch
sind diese Texte authentisch? Noch aus vedischer Zeit
stammt die Tradition, heilige Worte – damals war es das
von Brahmanen gehütete Geheimwissen über Opfer-
und Zauberformeln – mündlich an ausgewählte Schüler
weiterzugeben. Die Bedeutung des gesprochenen Wor-
tes als vorrangiges Medium der Überlieferung sollte
den Shramanen Gautama noch um Jahrhunderte überdauern. Von einem schriftlich niedergelegten Urkanon
der Lehre darf also nicht ausgegangen werden. Die pre-
käre Quellenlage bedingt vielfältige Spekulationen über
die letztlich unlösbare Frage nach den Erstformulie-
rungen und Grundgedanken. Wo setzen gewollte oder
ungewollte Modifikationen durch spätere Deutungen,
Einschübe und Stellungnahmen, aber auch durch Über-
setzungsprobleme ein? Letztere verweisen auf die große
Schwierigkeit, Buddhas Lehre in westliche, mit völlig
anderen Assoziationen behaftete Sprachen zu übertragen.

Der historische Buddha war als Lehrer wie als Berater mit Menschen unterschiedlichster Herkunft befasst.
Ihrer Sorgen hat er sich bis hin zu Fragen um materielle
Güter angenommen, dabei stets die jeweilige Lebens-
situation als Entscheidungsrahmen anerkennend. Diese
für den Erfolg der Lehre bedeutsame Toleranz macht

Illuminierter buddhis-
tischer Palmblatt-Text
von 1156 aus Bihar,
Nordindien

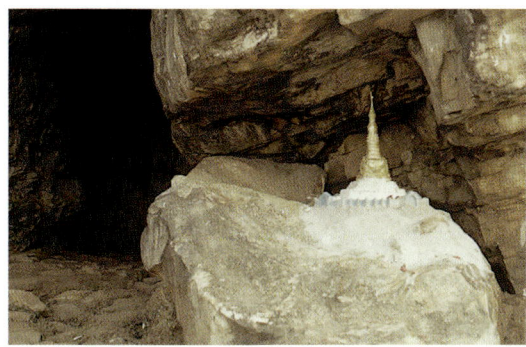

Die Saptaparni-Höhle in Rajgir, Nordindien. Hier soll das erste buddhistische Konzil stattgefunden haben

es – um einen Begriff der abendländischen Geisteswelt zu benutzen – paradoxerweise noch problematischer, den Kern der Lehre zu konkretisieren. Das Paradoxon ist in der indischen Philosophie als Begriff unbekannt und als Phänomen nicht mit Konflikten behaftet. Vom japanischen Zen-Buddhismus wird es heute sogar als besonders erleuchtungsträchtig erachtet (vgl. S. 155).

Bald nach Buddhas Tod stellte sich dem Orden die Frage, wie die Vielfalt an Deutungen und Erinnerungen an die Worte des Erwachten zu einer verbindlichen Einheit zu verschmelzen sei. Zur Festlegung von Richtlinien fanden sich, so die Legende, in Magadhas Hauptstadt Rajagriha (heute: Rajgir) die 500 bedeutendsten Schüler Gautamas zu einem siebenmonatigen Konzil zusammen, bei dem Buddhas Vetter Ananda als unbestritten bester Kenner um Rat, gelegentlich um Entscheidung in Zweifelsfragen ersucht wurde. Dieses erste Konzil vermochte jedoch nicht zu verhindern, dass es auch weiterhin zu Meinungsverschiedenheiten kam. Buddha selbst hatte für den Orden keine hierarchische Stufung vorgesehen und als geistliche Führung die Lehre selbst benannt.

Um 380 v. u. Z. trat in Vaishali angeblich ein zweites Konzil zusammen, das über einen brisanten Streit um die Ordensregeln zwischen den ›Anhängern der ältesten Mönche‹ *(sthaviravadin)* und den ›Mitgliedern der Gro-

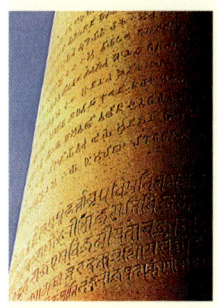

Der Text der Ashoka-Säule von Topra, Nordindien, abgefasst in Devanagari-Schrift. Die Säule wurde im 14. Jahrhundert von Sultan Firoz Shah nach Delhi gebracht und steht dort noch heute, gut erhalten mit einer fast vollständigen Inschrift, in der Zitadelle von Kotla.

ßen Gemeinde(*(mahasanghika)* befinden sollte. Erstere, die sich zu Buddhas unverändertem Wort bekennen wollten, trugen den Sieg davon, während letztere, die spätere Auslegungen als bedeutsamer und zeitgemäßer empfanden, sich abspalteten.

Unter Kaiser Ashoka (vgl. S. 9; S. 53) fand um 250 v. u. Z. ein drittes Konzil in Pataliputra (heute: Patna) statt, dessen wesentliches Ziel in der Abfassung einer Mönchssatzung bestand. Doch die beiden Hauptströmungen fanden zu keinem Konsens mehr, und die Mahasanghikas lehnten die Beschlüsse des Konzils ab. Einige Jahrhunderte später hielten sie in Jalandhara (Ostpunjab), nach anderer Überlieferung in Kundalavana (Kashmir) eine eigene Zusammenkunft ab und fixierten dort den Schriftenkanon des Mahayana (vgl. S. 76ff.).

Die ›Drei Juwelen‹ des Buddhismus

Buddhist ist man weder durch Geburt noch durch ein formelhaftes Glaubensbekenntnis. Wer die in den folgenden Kapiteln dargestellte Lehre, in welcher ihrer konkreten Formen auch immer, als Wahrheit erkennt, der darf sich als Buddhisten betrachten. Sie oder er braucht keinem Zeremoniell zu folgen, keine Tempel zu besuchen, keine Götter oder gar Buddha anzubeten. Es stimmt zwar, dass derlei Rituale heute in allen buddhistischen Ländern verbreitet sind, doch handelt es sich ausnahmslos um volkstümliche Zutaten. Buddha selbst erachtete sie als nutzlos, ja sogar als Hindernisse auf dem Weg zur Erkenntnis der Vier Edlen Wahrheiten. Die Gebote, die er aussprach, sind in keiner Weise mit den christlichen Geboten zu vergleichen; sie zu missachten bedeutet nicht, den Zorn eines Gottes auf sich zu lenken, sondern zeigt lediglich an, dass die Lehre noch nicht verstanden wurde oder dass sich der in ihr aufgezeigte Weg für den Adepten als noch zu schwierig erwiesen hat. In diesem Licht sind die moralischen Weisungen, die Buddha den Laien nannte, als Gradmesser der Erkenntnis, nicht als katechetische Pflicht zu verstehen.

Anbetung der Drei Juwelen *(triratna)*, worunter Buddha, seine Lehre und der von ihm gestiftete Orden zu verstehen sind. Zu diesen Drei Juwelen nimmt der buddhistische Gläubige täglich seine Zuflucht. Schieferrelief aus Gandhara, Nordpakistan, 2. Jahrhundert u. Z.

»Und Buddha erwog: Diese meine Locken ziemen nicht für einen Mönch; aber es gibt niemanden, der imstande wäre, das Haar eines zukünftigen Buddha zu scheren. So will ich es selbst mit meinem Schwert abtrennen.«

aus dem Pali-Kanon

Was nach einem Ritual aussieht und wie ein Glaubensbekenntnis klingt, zielt in Wahrheit darauf ab, den Gläubigen an seine spirituellen Grundfesten zu erinnern. Gemeint ist die dreimal täglich gesprochene Formel des ›Dreifachen Juwels‹ *(triratna)*: »Ich nehme meine Zuflucht zu Buddha. Ich nehme meine Zuflucht zum Dharma. Ich nehme meine Zuflucht zum Sangha.«

Buddha, das erste Juwel, ist weder Prophet, noch Gott, noch Inkarnation einer göttlichen Macht, sondern wird als beispielgebender Mensch gesehen, der sich dank seiner Vollkommenheit selbst zu unterrichten vermochte und durch eigene Anstrengung zur Erlösung fand. Für seine Zeitgenossen war er Wegweiser eines Pfades, der zur Befreiung führt. Zu Buddha Zuflucht zu nehmen bedeutet daher nicht servile Verehrung, sondern ist Ausdruck dafür, dass der Gläubige den Rat des Erleuchteten sucht und schätzt.

Nach dem Tod des Meisters wurde die auf seinen Erkenntnissen aufbauende Lehre *(dharma)* maßgebend. Auch dieses zweite Juwel des Buddhismus verlangt keinen bedingungslosen Glauben. Die Lehre analysiert unsere Welt und unser Dasein, vertritt und erweist auf der Grundlage der gewonnenen Einsichten ihren tiefen Ethos und zeigt einen Weg zur Schulung des Geistes auf.

Menschen, die ihr Leben vollkommen nach dem Dharma ausrichten wollen, müssen der Welt entsagen, weil ökonomische und soziale Zwänge ebenso wie berufliche und familiäre Bindungen unweigerlich zu Konflikten mit der Lehre führen und hinderlich sind auf dem Heilsweg. Solche Menschen treten dem Mönchsorden *(sangha)* bei, sind damit aber keine Priester, sondern lediglich Vorbild für die Laiengläubigen.

Einem burmesischen Novizen werden die Haare geschoren.

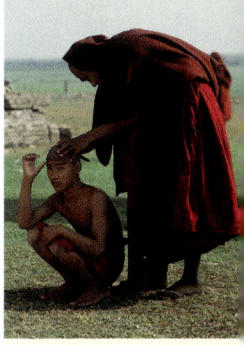

Leben als Leiden

»Dies, ihr Mönche, ist die heilige Wahrheit vom Leiden: Geburt ist Leiden, Altern ist Leiden, Krankheit ist Leiden, Sterben ist Leiden. Trauer, Klage, Kummer, Schmerz, Trübsal, Verzweiflung – sie alle sind Leiden. Mit Unliebem vereint sein ist Leiden, von Liebem getrennt sein ist Leiden, nicht erlangen, was man begehrt, ist Leiden; kurz, die fünf Gruppen von Daseinsfaktoren, die das Anhaften an der Welt verursachen, sind leidvoll.«

An diese erste der Vier Edlen Wahrheiten, die Buddha in seiner Rede von Sarnath den Mönchen verkündete, schließt die Erkenntnis an, dass letztlich alles Leben Leiden sei. Genau dies aber rief im Abendland wie auch in den lebensfroh eingestellten Ländern Südostasiens immer wieder Unverständnis und Ablehnung hervor. Wie kann etwas Leiden sein, das als Freude empfunden wird? Luxus, Gesundheit, Freundschaft, wo steckt in ihnen die Qual?

Die Antwort des Buddhismus setzt mit zwei – vermeintlichen – Binsenwahrheiten ein. Die eine betrifft die Endlichkeit des Individuums in der Unendlichkeit der Zeit. Keine Mehrung materieller Güter, kein Arzt, kein Priester vermag etwas an dieser Vergänglichkeit zu ändern. So bleibt nur, vor dieser Wahrheit und vor dem Ende des Lebens die Augen zu verschließen. Luxus, Medizin und Religion dienen dabei zum Trost und zur Selbsttäuschung.

> »Wird der indische Arzt zu einem Kranken gerufen, so legt er sich vier Fragen vor, was wirklich sei an diesem Falle. Er stellt vier Wahrheiten fest. So auch der Buddha. Zum ersten stellt der Arzt ein Leiden als wirklich fest, zum zweiten seine wirklichen Anzeichen und Ursachen. Aus diesem Befund konstatiert er als dritte Wahrheit, ob das Leiden heilbar sei. Hier entscheidet sich das Schicksal des Patienten. Denn von unheilbaren Leiden soll der indische Arzt (wie der antike) die Hände lassen. Und als vierte Wirklichkeit weist er den Weg zur Heilung.«
>
> Heinrich Zimmer, *Yoga und Buddhismus*

Die zweite Grunderkenntnis betrifft die Substanzlosigkeit alles Existierenden: Ein Haus ist nicht mehr als eine Materie gewordene Idee, es lässt sich zerlegen in Baumaterialien, diese in Werkstoffe, die wiederum in organische Verbindungen und Elemente zerfallen, bis am Ende ein materielles Nichts bleibt, das weder vom Verstand noch von den Sinnen zu erfassen ist. Zugleich aber entfaltet dieses materielle Nichts in unbegreiflicher Endlosigkeit die vielgestaltigen Phänomene des Makrokosmos.

Wenn der Leidende seinem Leben vielleicht ein Ende wünscht, so vermag der – scheinbar – Glückliche das geheime Leid darin zu entdecken, dass seinem Glück nicht die Ewigkeit beschieden ist. Der Biografie Gautamas lässt sich entnehmen, dass ihm diese Einsicht in das Grundleid und die Vergänglichkeit schon in der Jugend die Freude am Luxus getrübt hat, während ihm die Askese dann einzig die Bestätigung der Vergänglichkeit lieferte. In späteren Jahren erinnerte er sich an seltene Augenblicke der Ruhe unter einem Baum, in denen sein Geist durch die Naturerfahrung vor der Bedrohung durch das Ende befreit schien. Die Erwachung unter dem Bo-Baum sollte die höchste Steigerung eben dieser Jugenderfahrung werden.

Die in der Rede von Sarnath benannten körperlichen und geistigen Leiden (s. o.) bedürfen keiner weiteren Erklärung, wenn man neben die direkte Leiderfahrung jene indirekte stellt, die aus der Verlustangst und schließlich aus dem Verlust selbst resultiert. »Was aber leidhaft und vergänglich ist, davon kann man nicht sagen: Das bin ich, das gehört mir, das ist mein Selbst.« Dieser Schluss Buddhas widerspricht der Theorie der Brahmanen – liegt auch fern der christlichen Vorstellung von einer Seele –, wonach dem Individuum etwas Unveränderliches innewohnt, das eine Seelenwanderung erlebt.

Dabei bestreitet Buddha nicht grundsätzlich einen solchen Kreislauf und zweifelt ebenso wenig an kosmischen Gesetzen von Natur und Moral, deren Befolgen oder Nichtbefolgen die Art der Wiedergeburt bestimmen. Aber er entwickelt mit der Nichtsubstantialität, dem *anatman,* eine ungewöhnliche Deutung dieser Abläufe in der End- und Materielosigkeit der Materie. Ein recht anschauliches Lehrstück liefern uns heute die virtuellen Welten der Computer, die auf nichts anderes als Energiefluss zurückgehen. Würde man sie auf menschliches Handeln programmieren und darüber hinaus auf ein Ich-Bekenntnis, so entstünde hier eine Welt, deren Wirklichkeit nicht mehr abfragbar wäre, weil ein solches Bekenntnis Programm, aber auch innere (Schein-)Wahrheit sein kann.

Als unheilvolle wirksame Kräfte gelten in der buddhistischen Lehre jene »fünf Gruppen von Daseinsfaktoren, die das Anhaften an der Welt verursachen« (vgl. Kastentext S. 37). Es sind Täuschungen, von denen der Unwissende sich blenden lässt; Gebilde aus unpersönlichen, für sich nicht existenzfähigen Kräften, die sich ihrerseits bei genauerer Betrachtung als »leidhaft und vergänglich« erweisen. Erst im Zusammenspiel erzeugen die Daseinsfaktoren das subjektive, auf Täuschungen beruhende Erleben des Individuums, mithin sein Empfinden, das Ich sei identisch mit jenen vergänglichen Prozessen, die sich als leidhaft erweisen.

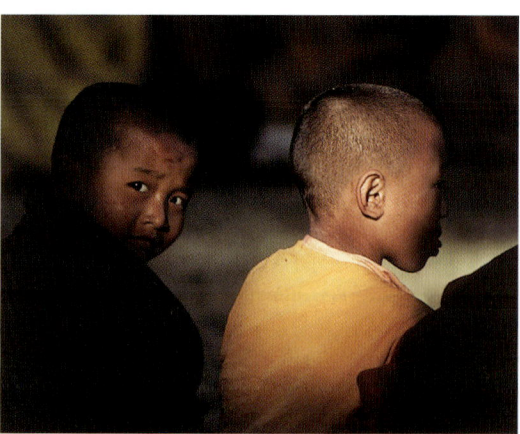

Novizen unter dem Bo-Baum von Bodh Gays, Nordindien

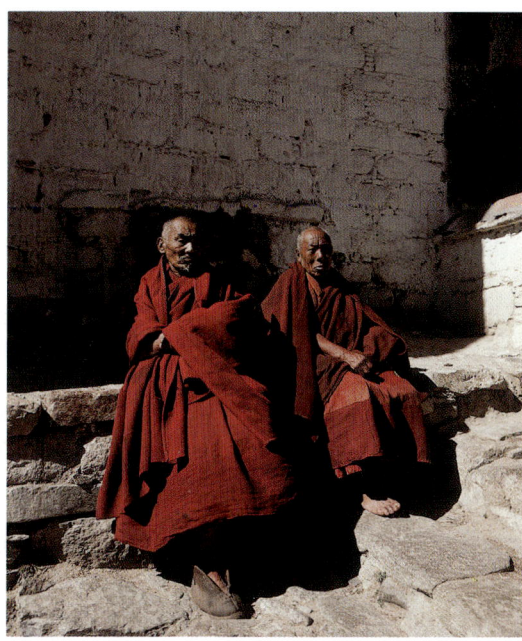

Zwei alte tibetische
Mönche im Kloster
Drepung, Tibet

Die buddhistische Wahrheit vom Leiden wird damit
noch gesteigert, denn das Dasein ist nicht nur vergänglich und leidhaft, es ist auch substanzlos. Doch
allein dadurch wird Erlösung möglich. Gäbe es nämlich
etwas Unveränderliches, Festes, wäre dessen Auflösung gedanklich und faktisch nicht zu vollziehen. Von
Bedeutung ist in diesem Zusammenhang, dass Buddha
keine Antwort auf die Unendlichkeit oder Endlichkeit
von Raum und Zeit gegeben oder auch nur gesucht
hat. Das höchste Leid besteht nämlich nach seiner
Auffassung nicht in der menschlichen Ohnmacht vor
kosmischen Rätseln, sondern darin, etwas nicht zu
erlangen, was man zutiefst begehrt: das Ende der Wiedergeburten. Dieses große Ziel lässt sich weder durch
Wünsche oder Gebete noch durch metaphysische
Überlegungen herbeiführen, sondern verlangt zunächst
einmal die Erkenntnis der Leidensursache.

Lebensdurst als Leidensursache

»Dies, ihr Mönche, ist die heilige Wahrheit von der Entstehung des Leidens: Es ist jenes Wiedergeburt erzeugende, von Wohlgefallen und Lust begleitete Begehren, das bald hier, bald dort sich ergötzende; das ist: das sinnliche Begehren, das Begehren nach ewigem Dasein, das Begehren nach Selbstvernichtung.«

Die Versuchung ist überwältigend: Der Unwissende, der hinter der Freude nicht das Leid erkennt, erliegt dem Begehren. Er verlangt nach sinnlichen Genüssen, die ihm erstrebenswert erscheinen, und findet in ihnen doch immer nur ein Ich bestätigt, das dem Tod und damit dem Ende der Genüsse entgegengeht. Leid, das Erleben und Ertragen dieser Unzulänglichkeit, wird demnach bedingt durch einen niemals zu stillenden Lebensdurst. Dabei ist der Körper selbst das unverkennbare Maß der Tatsache, dass der Mensch auf nichts Beständiges hoffen darf. Was wohnt dem Greis noch inne von dem, was er als Kind einst war? Weder seine Gedanken noch sein Ich-Gefühl oder seine Erinnerungen, ja, nicht einmal seine Körperzellen sind dieselben geblieben. Wie kann sich der Mensch dann ernsthaft von der Welt und vom Begehren täuschen lassen und an ein Ich glauben, das nur in der Gegenwart, in einem flüchtigen Moment real erscheint? Doch unterliegt ein solches Problembewusstsein immer wieder der Verlockung, die von den Genüssen ausgeht, und mündet damit in die Ewigkeit des Leidens.

Paticcasamuppada heißt in buddhistischer Terminologie der Teufelskreis des ›Bedingten Entstehens‹, in dem wir uns mit jedem Schritt immer weiter in das Leid des Daseins verstricken. Am Beginn der Kette steht das Nichtwissen *(avijja)*, das Triebkräfte *(sankhara)* hervorruft und damit zu neuer Existenz drängt. Diese Kräfte bedingen ein Bewusstwerden *(vinnana)*, das nach ›Name‹ und ›Gestalt‹ *(nama-rupa)* verlangt, aus welchen wiederum die sechs Sinne *(sal-ayatana;* fünf Sinne und das Denken) als Fundament der geistigen Abläufe her-

Als die fünf Anhaftungsgruppen betrachtet die frühe Lehre:
rupa (das Körperliche, bestehend aus vier Elementen: dem
Festen = z. B. Haare, Fleisch; dem Flüssigen = z. B. Speichel,
Urin; dem Heißen = z. B. Wärme, Verdauung; Wind = z. B. Atem,
Blähungen; sie alle sind in jedem Gebilde vorhanden, werden
karmisch erworben, gehören einem nicht, bilden aber doch den
Körper); *vedana* (Gefühle); *sanna* (Wahrnehmungen und die
Unterscheidung des Wahrgenommenen von anderem); *sankhara*
(Geistformationen, Gemütsregungen = Wille, der nach den
genannten Wahrnehmungen eintritt); *vinnana* (Bewusstsein,
Bewusstwerden ohne Inhalt).

vorgehen. An diesem Punkt des Bedingten Entstehens
wird der Bewusstseinseindruck *(phassa)* möglich, der
wiederum zur Empfindung *(vedana)* führt, die ihrerseits
Begierde *(tanha)* auslöst. Über das Anhaften, den Lebenshang *(upadana),* entwickelt sich nun das Werden
(bhava) in Bahnen, die das Begehren vorausbestimmt
hat. So kommt es zur Geburt *(jati)* und damit zu Altern
und Sterben *(jaramarana).*

Dieser berühmte Kausalnexus der buddhistischen
Lehre, der hier in der gängigen Fassung dargestellt ist
(es existieren mehrere Varianten), erscheint den Denkern des Ostens als eine Offenbarung. Helmuth von
Glasenapp hat auf das verblüffende Phänomen hingewiesen, dass sich dem Westen der Sinn eher in umge-
kehrter Folge erschließt: Dem Altern und Sterben muss
die (Wieder-)Geburt vorausgegangen sein, ihr der Prozess des Werdens, für den der Lebenshang Voraussetzung war. Dieser Lebenshang entstand aus Begierde,
die durch Empfindung geweckt wurde. Für sie ist die
Berührung mit der Außenwelt erforderlich, die aber erst
durch die Sinne erfahrbar wird. Nur ein Einzelwesen
kann die Sinne spielen lassen, insofern ein Bewusstsein gegeben ist. Das Bewusstsein wiederum resultiert
aus den Triebkräften eines früheren Daseins. Die Triebkräfte führen letztlich zum Ausgangspunkt zurück:
der Verkennung, die sich vor die Einsicht stellt, dass
alles Dasein vergänglich, leidvoll und substanzlos ist.

Ausschnitt (Nabenzentrum eines tibetischen Lebensrades (vgl. S. 126) mit Darstellung der konditionalen Entstehung *(paticcasamuppada)*: Die Gestalten rechts werden nach einem schlechten Lebenswandel in die höllischen Sphären gezogen, während sich die Gestalten zur Linken in der Aufwärtsbewegung zum Nirvana befinden. Die drei Tiere im Innern der Nabe stehen für die ›unheilsamen Wurzeln‹ menschlicher Verblendung: Gier (Hahn), Hass (Schlange) und Verblendung (Schwein).

Aus der Lebensgier gehen als weitere Wurzeln des Bösen Hass und Verblendung hervor: Streit, Krieg, Mord oder Diebstahl bedeuten ein unheilsames Karman, das sogar im Diesseits offenkundiges Leid erzeugt. In jedem Fall führt der schlechte Lebenswandel in Worten, Taten und Gedanken zu jenseitiger Leidanhäufung, also zu einer schlechten Wiedergeburt. Wer einen Sinn in diesen Prozessen sucht, bezeugt lediglich sein Unwissen vom wahren Zustand der Welt und entfernt sich vom eigentlichen Ziel, einem Dasein ohne Gier, Hass und Wahn, das ein gutes Karman bedeutet.

Leiden entsteht also aus den genannten Bedingungen heraus in uns selbst, kann aber auch zum Erlöschen gebracht werden, und zwar ebenfalls (und ausschließlich) aus uns selbst heraus. Keine andere Religion setzt so sehr auf die Selbstveränderungskraft des Individuums wie die Lehre des Buddha.

Vernichtung des Lebensdurstes zur Beendigung des Leidens

»Dies, ihr Mönche, ist die heilige Wahrheit von der Aufhebung des Leidens: Es ist eben dieses Begehrens restloses Vernichten, Aufheben, Verwerfen, Fahrenlassen, die Befreiung, die Loslösung.«

Immer wieder verliert sich die Erkenntnis, immer wieder fallen wir auf die Position des zweifelnden Ichs zurück, begehren und kämpfen um das Erstrebte, ohne den Preis dafür in Betracht zu ziehen. Der Glaube an die Realität von Ich und Dasein lässt dieses Streben als sinnvoll erscheinen. Aber es muss nicht einmal die Idee der Wiedergeburt bemüht werden, um das aus dem Begehren erwachsende Leid vor Augen zu führen. Kampf um materielle Güter schafft Leid für den Verlierer, Zuneigung zu einem neuen Lebenspartner Leid für den Zurückgelassenen, Herrschaft Leid für den Beherrschten – und das Gefühl der Besitzlosigkeit, Einsamkeit, des Beherrschtseins schafft Leidbereitschaft.

Alles Grübeln über Fragen der Metaphysik oder gar die Suche nach einem höheren Sinn dieses erkennbaren Leidens lenkt nur vom Wesentlichen ab, nämlich dem Weg zu dessen Auflösung. »Wer fragt, irrt bereits, wer antwortet, irrt ebenfalls.« Doch wer die Kausalkette auf ihr einzig zu beeinflussendes Glied hin prüft, der gelangt zugleich zur Wurzel des Übels: zum Begehren, das es aufzulösen gilt.

Die Erkenntnis, dass alles vergänglich, leidvoll und unpersönlich ist, stellt das Begehren bloß, sodass es nicht mehr als sinngebend verstanden werden kann. Da Leben unweigerlich mit Leiden einhergeht, muss der Lebenshunger überwunden werden, und zwar durch den Mittleren Pfad zwischen Sinnenfreude und Askese. Auf ihm versiegen die unheilsames Karman schaffenden Faktoren Gier, Hass und Verblendung. Sind sie überwunden, lassen sich die Sinne nicht mehr durch Formen täuschen, und es werden moralische Stützen, etwa die Ordensregeln, verzichtbar, da kein

Buddhas Haltung zum Verzehr von Fleisch: Jeder Mensch soll bestrebt sein, weitgehend auf Fleisch zu verzichten. Der Mönch soll im Hinblick auf das Gebot des Nichttötens kein Fleisch essen. Ist er jedoch eingeladen, soll er Fleisch nur dann ablehnen, wenn er weiß, dass der Gastgeber eigens für ihn geschlachtet hat. Ansonsten bedeutet die Zurückweisung eine Grobheit gegenüber dem Gastgeber, die als stärkeres Vergehen wiegt als der Verzehr des Fleisches.

Bedürfnis nach Zerstreuungen mehr besteht. Hier wächst nun auch die Erkenntnis, dass alles Begehren letztlich sogar den Zugang zu reiner Freude verstellt hat – ein bedeutender Hinweis an jene, die Buddhas Lehre als lebensfeindlich ansehen wollen. Denn wie soll man etwas in letzter Konsequenz genießen, ob Besitz, Liebe oder das Dasein, wenn man aus Verblendung heraus überzeugt ist, immerzu um dessen Verlust bangen zu müssen?

Der ›Achtfache Pfad‹ – durch Selbstzucht zur Leidaufhebung

»Dies, ihr Mönche, ist die heilige Wahrheit von dem Wege zur Aufhebung des Leidens: Es ist dieser heilige Achtfache Pfad, der da heißt: rechte Erkenntnis, rechte Gesinnung, rechtes Reden, rechtes Handeln, rechtes Leben, rechtes Streben, rechte Achtsamkeit, rechtes Sichversenken.«

Acht Schritte zur Auflösung des Lebensbegehrens werden genannt. Nach heutiger Lehrmeinung sind sie aber nicht in dieser Reihenfolge zu vollziehen, sondern in aufsteigende Gruppen einzuteilen, wobei zu beachten bleibt, dass die jeweils höheren Schritte die Ziele der niederen einschließen.

Am Beginn steht ein Grundmaß an Erkenntnis, das erforderlich ist, um rechtes Reden, Handeln und Leben zur Vollendung zu bringen. Mit dieser Vollendung steigt die Erkenntnis, sodass von den Elementen der Sittlichkeit, wie man sie nennt, zu den Elementen der inneren Sammlung übergegangen werden kann, also zu Streben,

Achtsamkeit und Sichversenken. Sie
wiederum sind Voraussetzung für die
Eigenschaften des Wissens, also für die
rechte Gesinnung und – der höchste
Gewinn – für die Vollendung der rechten
Erkenntnis. Jeder der Schritte ist zwei-
stufig, wobei die erste Stufe den Weg
für Laien weist, etwa das Darbringen von
Almosen zur Erlangung weltlicher Verdienste, während die zweite den Mönchen vorbehalten bleibt.

Rechte Erkenntnis bedeutet für Laiengläubige die elementare Einsicht, dass
zwischen karmisch Unheilsamem und
Heilsamem zu unterscheiden ist. Un-
heilsam, dem eigenen Heil also nicht
förderlich, sind (wir bedienen uns der
traditionellen Nomenklatur): das Töten
von Lebewesen, das Aneignen fremden
Eigentums, unzulässiger Geschlechtsverkehr, Lügen, Hinterbringen, grobe Rede,
leeres Geschwätz, Habgier, Bosheit und Übelwollen.
Denn in alledem stecken die als Leidensursache aufgeführten Grundübel Begehrsucht, Hass und Verblendung.
Karmisch heilsam ist dagegen das Verwerfen des Unheilsamen.

Laiengläubiger, wohl
ein adliger Stifter. Relief
vom Osttor des Stupa I
in Sanchi, Nordindien,
1. Jahrhundert v. u. Z.

Erkenntnis auf höherer Stufe bedeutet dann das Verstehen der Vier Edlen Wahrheiten, die Buddha in der
Rede von Sarnath benannte. Der Eintritt in diese zweite
Stufe beginnt damit, dass der Buddhist von unnützen
Fragen Abstand nimmt und sein Augenmerk ganz auf
die Erkenntnis der Wahrheiten richtet. Dies bedeutet
zugleich, dass die ersten Fesseln fallen, die den Geist
beherrschen: der Hang zu Ritualen (allgemeiner: das
Festhalten am Gewohnten), Skeptizismus und Persön-
lichkeitswahn. Letzterer kann sowohl im Ewigkeits-
wahn (das Ich besteht nach dem Tod fort) als auch im
Selbstvernichtungswahn (das Ich wird nach dem Tod

vernichtet) bestehen. Fortschreitende Erkenntnis geht dann einher mit dem Auflösen von Sinnengier und Groll als weiteren Fesseln des Geistes und schließlich dem Ablegen der Fesseln an das Dasein, nämlich dem Begehren nach feinkörperlichem und unkörperlichem Dasein, ferner Dünkel, Aufgeregtheit und Nichtwissen. Eine solch tiefgreifende Loslösung erreicht allerdings nur der *arhat,* der Heilige auf der höchsten Stufe der Weisheit, dem die Erwachung bevorsteht. Andere gelangen bis zur Phase des ›Stromeintritts‹, auf die nur noch wenige Wiedergeburten folgen, zur letztmaligen Wiederkehr in das Weltgeschehen oder zur Nichtwiederkehr ins Diesseits, das heißt zur Wiedergeburt in die Welt der Götter.

Rechte Gesinnung verlangt, auf weltliche und überweltliche Wünsche zu verzichten, Güte walten zu lassen und die Schädigung anderer Wesen zu vermeiden. Nur durch strenge Übung gelangt der Mönch, der konsequente Buddhist, zur bewussten Erzeugung eines solchen Charakters, sodass er sich durch keinen Anreiz mehr zu Gier, Hass und Gewalt hinreißen lässt.

Rechtes Reden, der Schritt, der wohl die geringsten Anforderungen stellt, bedeutet zunächst Verzicht auf alle Lügen, auch solche aus Not heraus oder um eines anderen willen. Verpönt ist außerdem, Informationen weiterzugeben, die andere entzweien, vielmehr soll ein gegenseitiges Verstehen und die Freude an gemeinschaftlicher Eintracht gefördert werden. Schimpfworte sind ebenso zu vermeiden wie leeres Geschwätz. Alles Reden soll höflich, denkwürdig, abgemessen, begründet und sinnvoll sein, denn nur so dient es den höheren Zielen auf dem Achtfachen Pfad. Aus demselben Grund sollen beiläufige und nutzlose Gespräche über Machthaber, Krieger und Helden gemieden werden.

Rechtes Handeln besteht darin, nicht den Tod über andere Lebewesen zu bringen, sich keine Dinge anzueignen, die nicht freiwillig gegeben werden, und unzulässigen Geschlechtsverkehr zu unterlassen. Aus

> »Da begibt sich der Mönch in den Wald, an den Fuß eines Baumes oder in eine leere Hütte, setzt sich mit gekreuzten Beinen nieder, den Körper gerade aufgerichtet, und richtet seine Achtsamkeit vor sich. Achtsam atmet er ein, achtsam atmet er aus. Atmet er lang ein, so weiß er ›Ich atme lang ein‹; atmet er lang aus, so weiß er ›Ich atme lang aus‹. Atmet er kurz ein, so weiß er ›Ich atme kurz ein‹; atmet er kurz aus, so weiß er ›Ich atme kurz aus‹. ›Den ganzen Körper klar wahrnehmend, will ich ein- und ausatmen‹, so übt er sich. ›Diese Körperfunktion besänftigend will ich ein- und ausatmen‹, so übt er sich.«
>
> *Mahasatipatthanasutta, D 22*

letzterem Gebot wurde im Westen häufig auf eine Sinnenfeindlichkeit des Buddhismus geschlossen. In der Tat gilt für Mönche das Gebot völliger Keuschheit; von Laiengläubigen wird dagegen nur verlangt, auf sexuellen Kontakt mit jungen oder abhängigen Partnern zu verzichten. ›Abhängige‹ sind im Sinne der Lehre Verheiratete oder Heiratswillige, ferner Gefangene sowie unter Obhut von Verwandten stehende Menschen.

Rechtes Leben bezieht sich auf die Frage nach einem karmisch heilsamen Lebensunterhalt, der anderen nicht zum Schaden gereicht. Verpönt ist der Handel mit Lebewesen, Waffen, Fleisch, berauschenden Getränken und Giftstoffen. Es ist Abstand zu nehmen von allen Berufen, bei denen Gewalt an Menschen oder Tieren ausgeübt wird. Als verwerflich gelten auch Betrug, unbeherrschte Gewinnsucht und der Versuch, unwillige Handelspartner zu überreden. Die Einstellung zum Genuss von Rauschmitteln beweist abermals, mit welcher Besonnenheit und Einsicht in menschliche Schwächen Buddha sein Regelwerk abfasste, denn er hebt nicht den Zeigefinger moralischer Bedenken, sondern hat die sozialen Folgen im Blick (Trunkenheitsstreitigkeiten, Gesundheitsverlust, pekuniäre Schwierigkeiten).

Rechtes Streben besteht darin, schlechte Eigenschaften zu beseitigen und gute zu mehren, üble Gedanken zu unterdrücken und edle Gedanken zu wecken.

Die frühe Lehre

Rechte Achtsamkeit bietet auch dem Nichtbuddhisten vielfältige Möglichkeiten zur Erlangung von Ruhe, Besonnenheit und Belastbarkeit. Das eigentliche, das buddhistische Ziel besteht allerdings darin, Gier, Schmerz und Trübsal zu überwinden, den Augenblick bewusst wahrzunehmen und das Werden und Vergehen des Körpers in voller Klarheit zu erleben, um über die buddhistische Erkenntnis und Läuterung auf den Mittleren Pfad zu finden. Die Übungen hierzu beginnen grundsätzlich mit bewusstem Ein- und Ausatmen in voller Achtsamkeit (vgl. Kastentext S. 43). Vorüberziehende Gedanken sollen dabei nicht verjagt oder unterdrückt werden. Mit fortschreitender Praxis wird die Ablenkung gar nicht erst eintreten, kann sich der Übende völlig auf das Atmen konzentrieren. Später wird auch das Gehen, Stehen, Sitzen, Liegen, Reden, Essen, Trinken usw. mit gleicher Achtsamkeit wahrgenommen. Es folgt das Betrachten der Körperteile. Die so vorbereitete Körperschau ist es, die äußerste Besonnenheit und Wissensklarheit schafft. In aufsteigender Folge werden dann die Gefühle, der eigene Bewusstseinszustand und die so genannten Geistobjekte (z. B. Sinnengier, Übelwollen, Aufgeregtheit,

Meditierender Mönch in Bodh Gaya, Nordindien

Zweifelsucht, Körperlichkeit) sozusagen von außen betrachtet. Am Ende dieses im Detail sehr komplizierten Weges steht der Sieg über Furcht, Lust und Unlust. Ihm entspricht das Ertragen von Hitze, Kälte, Durst, Hunger, körperlichen und seelischen Verletzungen sowie das Erlangen höherer Geisteskräfte, die sich etwa im Durchschauen anderer Wesen oder in der Erinnerung an frühere Daseinsstufen manifestieren.

Bild mit der Darstellung des ›Großen Daruma‹, gemalt vom Zen-Meister Hakuin Ekaku (1685–1768): Die Eigennatur schauen und Buddha werden. Der dargestellte ›Daruma‹ hatte sich die Augenlider abgeschnitten, um bei der Meditation nicht in Schlaf zu verfallen.

Rechtes Sichversenken schafft eine zeitweilige Weltentrücktheit, indem alle Mächte des Geistes auf ein einziges Objekt gerichtet werden, beispielsweise eine Lotosblüte. Der vorausgegangene Schritt wird hier noch vertieft zum Schwinden des Bewusstseins, wie Buddha selbst es unter dem Bo-Baum erlebte. Die meditativen Vertiefungen sind vergänglich, also zeitlich begrenzt, sodass sie noch eine Vorstufe der höchsten Erkenntnis bilden. Erst die Gesamtschau der Vier Edlen Wahrheiten und des Achtfachen Weges bedeutet die unumstößliche Buddhaschaft und damit das Ende der Wiedergeburten.

»Und es stieg in mir die Erkenntnis und innere Schau auf: Unwandelbar ist für mich die Befreiung des Geistes. Dies ist die letzte Geburt, nicht gibt es nun ein Wiedersein.«

Achtsamkeit und Meditation

Aus dem Umstand, dass viele Menschen in Indien und Ostasien ein hohes Maß an Körperbeherrschung erreicht haben, werden im Westen übersteigerte Erwartungen an die Meditationstechniken abgeleitet, doch sind mit dem Wohlbefinden des *yogin* oder des buddhistischen Mönchs ein ganz anderer Lebensweg und eine völlig andere Weltanschauung verknüpft.

Es war ein langer leidvoller Weg, den Buddha in den Jahren der Askese beschritt, als er sich mit dem Ziel einer ›gewaltfreien Selbstauslöschung‹ in der Beherrschung lebenswichtiger Körperfunktionen übte, bis er die von seinen Zeitgenossen bestaunten ›Wunderkräfte‹ erlangte.

Die Intention des Yogin ist eine andere, obwohl auch er den asketischen Weg wählt. Ihm geht es um ein Training, bei dem durch ›Anjochung‹ *(yoga)* psychischer und physischer Kräfte eben jene Energien zur Entfaltung gelangen, die ihm im normalen Leben nicht beschieden sind. Die Anfänge solcher Praktiken reichen Jahrtausende zurück, wahrscheinlich bis zur Induskultur. Auch im nichtbuddhistischen Yoga ist die Atemschulung ein zentrales Element. *Prana,* der Atem, wird in mühevollen Übungen retardiert und jeder Zufälligkeit entrückt. Höchster Wert wird dem Einhalten des Atems beigemessen. Denn Prana ist nach indischem Konzept ein Synonym für die Daseinsessenz, Indiz und Grund für das Nichttotsein. Ziel der Atemschulung ist es,

den Geistkörper aus dem sichtbaren Körper zu destillieren.

Aus den Erfahrungen mit Yoga und Askese entwickelte Siddharta Gautama ein neues, überraschend wirksames Konzept, das nach Zufriedenheit mit dem Augenblick trachtet: Es richtet alle Konzentration auf die Wahrnehmung dessen, was ist, etwa auf das vollbewusste, wertfreie Betrachten der Atmung. Dieser Gedanke der Achtsamkeit fußt darauf, dass ein Mensch, der seine Grunderfahrungen falsch oder nur teilbewusst wahrnimmt, aus den unzulänglichen Wahrnehmungen unweigerlich Fehlinterpretationen ableitet. Er wird die Qualität seines Daseins nicht begreifen und sein Ich nicht als Mikrokosmos sehen, der durch Luftschöpfen am Makrokosmos teilhat.

Der Weg des Yogin wie des Buddha verharrt nicht bei der Atmung, sondern eröffnet mit der Schulung (Yoga) oder Wahrnehmung (Buddhismus) nur den Vorstoß in neue geistige Sphären. Buddha beschreibt vier Stufen der Vertiefung, deren letzte höchste Gleichmut jenseits von Leid und Freude bedeutet.

Grundregel: Der Adept gibt für die Dauer der Übung alle weltlichen Beschäftigungen auf und bekennt sich zu den fünf Weisungen für Laiengläubige, vielleicht gar zu den Sittenregeln der Mönche. Er nimmt Zuflucht zu den ›Drei Juwelen‹, hegt liebevolle Gedanken gegenüber allen fühlenden Wesen, legt das Gefallen an seinem Körper ab und erkennt das Nahen des Todes. Die

Übungen erfolgen unter Anleitung eines Meditationsmeisters und sind in bequemer Sitzweise in einem ruhigen Raum zu vollziehen.

1. Der Geist richtet sich auf das Heben und Senken der Bauchdecke. Einatmend bemerkt er Heben, ausatmend Senken, ohne auf die Form der Bauchdecke oder die Worte Heben und Senken zu achten; die Konzentration gilt allein dem eigentlichen Vorgang.

2. Geistige Regungen, die während 1. aufscheinen, werden im Augenblick ihres Entstehens wahrgenommen. Eine Erinnerung wird registriert als Erinnerung, eine Überlegung als Überlegung, eine Abschweifung von der Übung als Abschweifung. Die Regung wird bis zu ihrem Schwinden verfolgt, ehe man zur Übung zurückkehrt.

3. Nach einer Weile tritt Ermüdung auf. Auch dies ist zu vermerken: Der Arm wird steif, das Sitzfleisch ermüdet. Dem ist weder nachzugeben noch Auflehnung entgegenzubringen. Erfahrungsgemäß schwinden die unangenehmen Gefühle ohne weitere Einwirkung, andernfalls ist die Position zu ändern. Wechselt man etwa die Stellung eines Beines, so ist das als Wechsel zu vermerken und besonnen auszuführen, um sich dann wieder dem Heben und Senken der Bauchdecke zuzuwenden. Selbst Schmerz wird durch das geduldige Betrachten seiner Qualität und der betroffenen Körperstelle schwinden, ansonsten wirkt man ihm durch Positionsänderung oder durch Unterbrechen der Übung entgegen – wobei dies wieder als Verändern oder Unterbrechen zu registrieren ist. Mit fortschreitender Erfahrung sind solche Schmerzen kontrollierbar und treten später nicht mehr auf. Darüber, dass viele Tätigkeiten und Gedanken der Wahrnehmung entgehen, sollte man nicht die Geduld verlieren, sondern beharrlich nach Vervollkommnung der Perzeption streben. Allmählich kann man sich nun auch den Pausen zwischen Ein- und Ausatmen widmen.

4. Diese Meditationsübungen mögen, da sie viel Zeit erfordern und den gewünschten Erfolg nicht rasch erbringen, Enttäuschung hervorrufen. Auch sie muss unvoreingenommen konstatiert werden, desgleichen der Zweifel, ob denn der gesamte Weg seine Richtigkeit habe, oder auch ein Glücksgefühl über gelungene Übungen. Ebben diese Gefühle ab, gilt es wieder, den Geist auf das Heben und Senken der Bauchdecke zu richten.

Der gesamte Übungsverlauf einer solchen ›Klarblick-Meditation‹ sollte sich über mindestens einen Tag hinziehen. Er wird beim Fortgeschrittenen nicht zur Ermüdung führen, sondern ihn im Gegenteil schließlich befähigen, auch die Nacht hindurch, einen weiteren Tag und länger zu meditieren. Der Körper wird dabei, durch das Instrument der Achtsamkeit, als etwas erkannt, das sich steuern lässt und damit dem Leid entrückt werden kann. Genau dies aber, die Aufhebung des Leidens, ist das Ziel des Buddhismus.

Rätselhaftes Nirvana

Kein anderer Begriff aus der Lehre des Buddha hat mehr Anlass zu Spekulationen gegeben als dieses eine Wort, das dem höchsten Ziel des Buddhisten einen Namen verleiht: Nirvana oder – in den Pali-Texten – Nibbana. *Nir va* bedeutet ›aufhören zu wehen‹, ›erlöschen‹. Es meint das Ende der Wiedergeburten, Befreiung aus der Macht des Todes, der alles Leben beherrscht.

Doch was genau ist unter Nirvana zu verstehen? Buddha wurde dazu oft von seinen Mönchen befragt und antwortete gern mit einem Paradoxon, so in *Undana VIII:* »Ich verkündige euch ein Nichtkommen und Gehen, ein Nichtfeststehen und Vergehen, die Freiheit von der Wiedergeburt; ein Nichtstillstehen und ein Nichtweitergehen. Keinen Grund gibt es mehr für das Sehnen nach dem Leben. Dies ist das Ende des Leids.« An anderer Stelle wählte Buddha einen Vergleich für das Dasein und dessen Erlöschen: Wind, der über eine Wasserfläche weht, erzeugt Wellen und schafft so die Illusion dahineilender Wassermassen; das Bild vergeht, sobald Windstille eintritt.

Da die Sprache selbst zu den Daseinsgruppen zählt, ist sie nicht geeignet, das auszudrücken, was jenseits von ihr liegt. Sie kann aber formulieren, was Nirvana nicht ist, und sich durch die konsequente negative Charakterisierung dem nähern, was der Inhalt dieses rätselhaften Begriffes sein mag: ein »Nicht-Sein«, wie Buddhas knappste Beschreibung lautet.

Bevor mit dem Tod die Daseinsgruppen erlöschen, findet im Leben eines Erwachten das Erlöschen der Leidenschaft statt. Der Achtfache Weg dorthin, die vierte der Edlen Wahrheiten, verschafft vom Wesen des Ziels, vom Nirvana, eine viel klarere Vorstellung, als durch irgendeine Formulierung vermittelt werden könnte. Indem man sich nämlich vom

Vernichtung des Farbpulvers, aus dem ein Kalachakra-Mandala ausgestreut war, durch den 14. Dalai Lama als Abschluss einer Initiationszeremonie

»Das Wirkliche, in dem wir stehen, ist eine Konvention der Nicht-anders-Wissenden, darin steckt eine andere Wirklichkeit, in der jene verschwindet, an der jene zergeht: unsagbar, ohne Umriss, ohne Gestalt, Gegensatz und Grenze. Ungreifbar, aber im Vollzug zu erfahren. Ein Übergang, der sich selbst entschwindet, ein Vorgang, der sich auflöst. Ein Schwinden des Schwindens. Das Wirkliche daran ist, dass alles Wirkliche planvoll, schrittweise zum Schwinden kommen kann. Dahin reicht kein Dingwort. Nirvana – ›Erlöschen‹ – ist ja bloß ein Bild für einen Vorgang, der sich auf-löst. Ist wie eine Brücke, deren Pfeiler diesseits noch zu sehen ist, aber ihr anderes Ende entzieht sich.«

Heinrich Zimmer, *Yoga und Buddhismus*

Körperlichen löst, eröffnet sich bereits die nächste Aufgabe, die Lösung vom Geist und seiner Tätigkeit, mit der sogleich eine weitere Übung beginnt. Sie besteht darin, sich vom Glücksgefühl zu lösen, das aus der Befreiung von Körper und Geist resultiert. Dieses fortwährende Sich-lösen bis hinein ins Unendliche ist das Nirvana. Soweit der Buddha selbst.

Nun bleibt aber die von Buddha nicht beantwortete Frage, ob und, wenn ja, was eigentlich überdauert. Wenn nämlich aus dem Kreis des bedingten Entstehens nur ein Dasein ohne ein Ich erwächst, wie kann dann aus dieser Substanzlosigkeit heraus etwas, das gar nicht ist, Erlösung erleben und in ein Nirvana eingehen? Dieses zentrale Problem beschäftigte jahrhundertelang die Interpreten der Lehre. Für einige frühe Buddhisten endete mit der Erlösung alles Dasein, das Nirvana war für sie also ein Nichts. Andere, die Pudgalavadins (›Personalisten‹), bestritten einen wesentlichen Punkt der Lehre und sahen hinter dem bedingten Entstehen ein über dem Individuum angesiedeltes Verbindungsbewusstsein, das das Nirvana erleben kann. Der südindische Reformer Nagarjuna (vgl. S. 85f.) schließlich gelangte um 200 u. Z. zu der Einsicht, dass sich die Frage nur für den stellt, der noch nicht zu den Erlösten zählt.

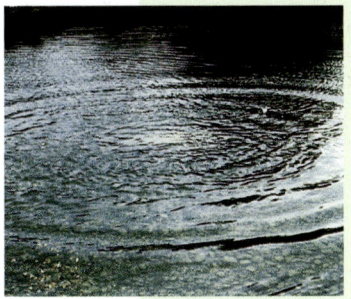

Auf der Wasserober-fläche verweht das letzte Mandala im Nirvana.

Das Problem der kanonischen Überlieferung

Ob die in den vorangegangenen Kapiteln aufgezeigten Grundzüge den Kern der frühen Lehre exakt wiedergeben, sei dahingestellt. Schließlich sind Buddhas Worte nicht im Original erhalten. Eine erste schriftliche Fassung seiner Lehre wurde möglicherweise im 3. Jahrhundert v. u. Z. unter dem Maurya-Kaiser Ashoka niedergelegt, blieb aber nicht erhalten. Um diese Zeit gelangte der Buddhismus auf die Insel Lanka (Ceylon). Etwa 200 Jahre später wurde dort auf Geheiß eines Königs damit begonnen, einen vollständigen Kanon zu formulieren. Er gilt bis heute als wichtigste Quelle für die Forschung und als verbindliches Werk für die Anhänger der frühen Lehre. Pali, die für die Niederschrift gewählte indische Gelehrtensprache, beherrscht seither die buddhistische Literatur, obwohl Buddha selbst Magadhi sprach und außerdem Texte überliefert sind, die in Sanskrit und anderen Sprachen abgefasst wurden. Wichtige Begriffe der Lehre sind deshalb sowohl in Sanskrit (z. B. *dharma, sutra, nirvana*) als auch in Pali (z. B. *dhamma, sutta, nibbana*) geläufig.

Durch das Sprachproblem gerieten Unstimmigkeiten in den Kanon, der im Übrigen bereits Tendenzen aufweist, die mit Sicherheit nicht mehr der ursprünglichen Lehre entstammen. So wird beispielsweise der Durst als Leidensursache angeführt, dann wieder das Nichtwissen, was im einen Fall durch Meditation, im anderen durch Erkenntnis aufzuheben sei. Damit steht nicht nur das Kernproblem des Daseins, sondern letztlich auch der Erlösungsweg, die vierte der Edlen Wahrheiten, zur

---

Die Entwicklung und der rasche Erfolg der Drucktechnik sind eng mit der Ausbreitung des Buddhismus verbunden. Um Pilgern ein Andenken zu geben und sie zu ermutigen, die Lehre in die Welt hinauszutragen, wurden – früher als bei anderen Religionsgemeinschaften – Segensschriften sowie einfache Bilder oder ›Fußabdrücke‹ des Buddha vervielfältigt. Gedruckt wurde mit Holzstöcken. Es ist sogar ein Diamant-Sutra mit genauer Datierung auf den 11. Mai 868 erhalten.

Buddhistische Handschrift von 1686 aus Nepal mit Darstellungen des Buddha und der Weißen Tara (vgl. S. 91)

Diskussion. Hinzu kommen formale Besonderheiten, etwa die auffällige Repetition, die eine fast meditative Aura erzeugt und das Erlernen der Texte erleichtert, zugleich aber ihre Lesbarkeit beeinträchtigt. Dass dieser Duktus nicht auf Buddha selbst zurückgeht, lässt sich daraus schließen, dass nach Ansicht der Zeitgenossen der Erfolg seiner Mission gerade auf seinem Sprachwitz und seiner Redegewandtheit beruhte.

Der überlieferte Kanon ist als ›Dreikorb‹ *(tipitaka)* bekannt, wobei jeder ›Korb‹ ein Buch darstellt. *Vinaya-Pitaka,* das erste der Bücher, enthält die Vorschriften des Klosterlebens, die annähernd 250 Regeln, die ein Mönch einzuhalten hat bzw. deren Nichteinhaltung er beichten muss, ferner Bestimmungen über den Eintritt in den Orden oder auch den möglichen Ausschluss. Der Inhalt des Buches dürfte noch weitgehend mit den Mönchssatzungen übereinstimmen, die beim dritten Konzil unter Kaiser Ashoka festgesetzt wurden.

Zwei Sutra-Rollen (Papier auf Holz) des 12. Jahrhunderts, Japan

Sutta-Pitaka, der ›Korb der Lehrreden‹, erschließt die eigentliche Lehre, hauptsächlich also die Reden Buddhas. Das Buch gliedert sich in vier Sammlungen *(nikaya)*, denen die Reden nach rein formalen Kriterien, vor allem gemäß ihrer Länge, zugeordnet wurden. Der umfangreiche Anhang enthält Gedichte und *jatakas,* das sind Legenden zu den angeblich 550 früheren Existenzen Buddhas (vgl. Abb. S. 172).

Das dritte und jüngste Buch, *Abhidhamma-Pitaka,* behandelt Fragen der Metaphysik, Moral und Philosophie. Es wurde wohl schon unter Ashoka begonnen, schwoll in späteren Jahrhunderten aber schier unüberschaubar an. Das *Abidhamma* enthält Interpretationen der Reden Buddhas, die große Gelehrte der Nachwelt hinterließen. Einer von ihnen, Buddhaghosha, der im 5. Jahrhundert u. Z. als Einsiedler auf Sri Lanka lebte, soll in seiner Höhle so viele Palmblätter mit seinen Einsichten beschrieben haben, dass er schließlich keinen Wohnraum mehr besaß und sein Felsquartier verlassen musste. Buddhaghoshas umfangreiches Werk, der *Reinheitspfad,* wurde übrigens von dem deutschen Mönch Nyanatiloka (vgl. S. 189) übersetzt und kommentiert.

Die Entstehung des Buddhismus

Über Buddhas missionarische Erfolge liegen euphorische Berichte vor. Ihre Glaubwürdigkeit ist allerdings anzuzweifeln. Denn die ursprüngliche Lehre war ja weder leicht zu verstehen noch bequem zu befolgen. Den Laien fehlte der direkte Zugang zum Heilsweg, über die vertrauten und angebeteten Götter wurden keine Aussagen getroffen, die Masse blieb daher vom Brahmanismus und von Volksreligionen geprägt. Buddhas Lehre darf in ihrem Frühstadium noch nicht als Religion betrachtet werden, sondern erscheint als eine auf Erlösung ausgerichtete Philosophie für einen kleinen Kreis von Denkern. Und das blieb sie noch Jahrhunderte über den Tod des Meisters hinaus.

Die verblüffende Wandlung hin zu einer Weltreligion ging mit politischen Veränderungen einher. Schon im 4. Jahrhundert v. u. Z. war der Staat Magadha, Buddhas Heimatregion, unter wechselnden Dynastien zur größten Macht Nordindiens aufgestiegen. Als Alexander der Große 327 den Indus erreichte, trat ihm in dem indischen König Poros ein starker Gegner entgegen, der den Griechen Einhalt gebot. Wenige Jahre nach dem west-östlichen Zusammenprall bestieg in Magadhas Hauptstadt Pataliputra der erste Maurya-Kaiser den Thron. Sein Enkel war der bereits erwähnte Ashoka, der ca. 268–232 v. u. Z. regierte, sein Reich fast über den gesamten Subkontinent ausdehnen konnte und noch heute als erster gesamtindischer Kaiser gefeiert wird. Vor allem aber beruht Ashokas Ruhm auf der ungewöhnlichen Tatsache, dass er Gewaltfreiheit zur Staatsräson erhob.

Nachdem seine Vorgänger ihre Macht durch einen berüchtigten Geheimdienst gestärkt hatten und er selbst bei seinen Eroberungsfeldzügen mit großer Brutalität vorgegangen war, fand er nach eigener Aussage im Anschluss an die letzte große Schlacht zur Läuterung und zur Lehre Buddhas. Verständlich wird dieser Schritt vor allem aus politischen Erwägungen heraus: Der erfolgreiche, aber unbeliebte Kaiser konzentrierte sich nach dem Ausbau der Macht auf die innere Sicherheit. Er einte das Land mit einer moralisch anspruchsvollen, humanen Lehre, die vielen vorbildlich erscheinen musste und deshalb auch Völkern im fernen Südindien eine Identifikationsmöglichkeit mit Magadha bot, der Heimat des Kaisers. Freilich war politischer Erfolg nur dann zu erwarten, wenn die schwierige Philosophie auf leicht verständliche Grundzüge reduziert wurde. Letztlich verkündete

Das berühmte Löwenkapitell der Ashoka-Säule (vgl. S. 9) von Sarnath, Nordindien. Die reliefierten Tiere, die über dem Lotosschaft im Wechsel mit dem Sonnenrad (auch als Rad der Lehre interpretiert) erscheinen, verkörpern nach buddhistischer Auslegung Geburt, Verfall, Krankheit und Tod. Das gesamte Werk lässt ikonografisch und künstlerisch den Einfluss des achämenidischen Persien erkennen.

Ashoka also eher eine eigene, von den Worten Buddhas abgeleitete Lehre, die auf Frieden im Land und Wohlstand für die Herrschenden abzielte. Die Leitsätze hießen: Respekt vor Autoritäten, Absage an alle Gewalt, Einschränkung des Wohlstandsstrebens sowie genaue Kenntnis und Einhaltung sittlicher Pflichten. Wer diese Regeln befolgte, dem wurde für die nächste Existenz das höchste Glück versprochen.

Um diese schlichte, aber offensichtlich überzeugende Staatsreligion zu verbreiten, ließ Ashoka an wichtigen Straßen sowie in Pilgerorten und Handelszentren Edikte auf Säulen und in Felsen einmeißeln, die sich bald zu Sehenswürdigkeiten entwickelten. Die fromm-politischen Zeilen wurden eifrig gelesen und auch mündlich tradiert.

Sieben der acht Reliquienhügel, unter denen Buddhas Asche beigesetzt worden war (vgl. S. 24), ließ Ashoka aufbrechen, um die Überbleibsel erneut teilen und über ihnen weitere solcher Hügel – angeblich waren es insgesamt 84 000 – in allen Teilen des Reichs errichten zu können. Diese *stupas* (vgl. S. 160ff.) wurden zunehmend zu Zentren einer kultischen Verehrung Buddhas und eines ersten buddhistischen Rituals. Den Laiengläubigen empfahl Ashoka Pilgerfahrten zu den Wirkstätten Gautamas, den Mönchen des zuvor heimatlosen Ordens richtete er Klöster ein. Mit diesen Stiftungen begann nicht nur die Entwicklung einer buddhistischen Kunst, sie veränderten auch das Selbstverständnis der Mönche. Da eine der monastischen Hauptaufgaben, die Missionstätigkeit, nun in die Hand des Staates übergegangen war, konnten sich die Angehörigen des Ordens, zumal sie jetzt ökonomisch abgesichert waren, ganz der Selbstschulung widmen. Als dieses System mit dem Untergang des Maurya-Reiches (um 187 v. u. Z.) zusammenbrach, bemühten sich die Klöster verstärkt um private Stifter (vgl. S. 62); eine engere Allianz zwischen Mönchen und Laien war die Folge.

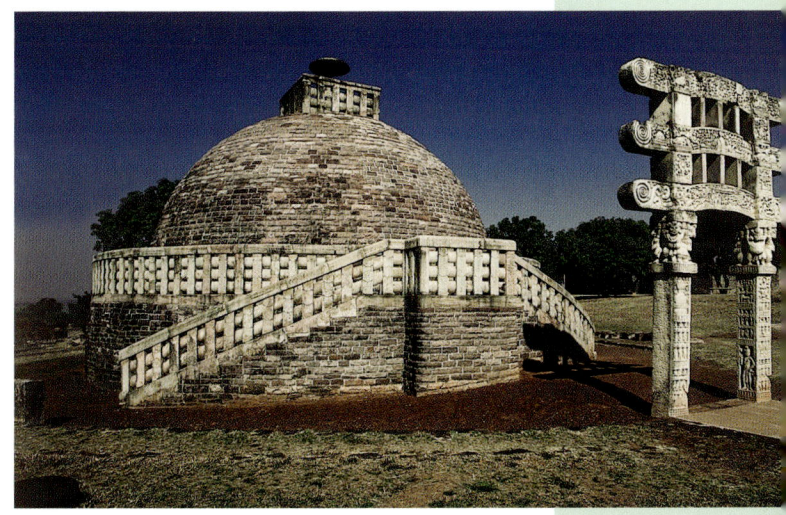

Die Lehre Buddhas, die erst seit der Ashoka-Zeit als Religion, als Buddhismus, zu bezeichnen ist, reichte nun über die Grenzen der Gangesebene hinaus. Der Kaiser hatte Botschafter in die Nachbarländer entsandt, wo der Buddhismus ebenfalls Anhänger fand. Über die antiken Handelswege gelangten manche seiner Einsichten bis in den Vorderen Orient und nach Griechenland.

Stupa III in Sanchi, Nordindien. Der Grabhügel mit Torbau aus dem 1. Jahrhundert v. u. Z. barg laut Aufschrift der Reliquienbehälter die Asche von Buddhas Lieblingsschülern Shariputra und Maudgalyayana.

Nachdem die sterblichen Überreste Buddhas verbrannt worden waren, entnahm man der Asche Knochen und Zähne, um sie unter Reliquienhügeln beizusetzen. Ein Augenzahn, der ursprünglich dem König von Kalinga überlassen wurde, gelangte im 4. Jahrhundert nach Anuradhapura auf der Insel Lanka. Die dortigen Regenten verlegten mehrfach ihren Sitz und nahmen bei jedem Umzug die Zahnreliquie mit, die schließlich in Kotte den Portugiesen in die Hände fiel. Sie brachten den Zahn nach Goa, wo der Erzbischof ihn zu Pulver zermahlen und verbrennen ließ. Nach Auslegung der Buddhisten wurde damals aber nur eine Kopie des Zahns außer Landes gebracht und zerstört. 1603 errichteten sie über dem ›wahren Zahn Buddhas‹ einen Tempel in Kandy, den Dalada Maligawa. Die Reliquie bzw. inzwischen eine Kopie davon wird alljährlich im Juli/August in einer großen Prozession durch die Straßen der Stadt getragen.

Lehrmeinungen und Schulen

In einer berühmten Episode aus dem Pali-Kanon (vgl.
S. 50) wird Buddha von Mönchen auf eine Gruppe von
Brahmanen angesprochen, die immerzu über philosophische Erörterungen im Streit lagen und sogar hand-
greiflich gegeneinander wurden. Statt nun für einen
der Brahmanen Partei zu ergreifen, wie die Mönche es
erwartet hatten, reagierte Buddha mit einem Gleichnis:
Ein König befiehlt seinem Diener, allen Blindgeborenen
der Stadt einen Elefanten zu zeigen. Daraufhin lässt der
Diener die einen den Rüssel fühlen, die anderen die
Ohren, wieder andere den Fuß oder die Stoßzähne. Als
der König die Blinden später befragt, wie das Tier denn
nun aussehe, antworten sie mit Vergleichen, die sich
nur auf das ihnen jeweils bekannte Körperteil beziehen. Eine Schlichtung des Dissens ist nicht möglich,
weil allen die Gesamtschau fehlt.

Gewiss hat Buddha die ›Blinden‹ nicht nur unter den
Brahmanen, sondern auch in den Reihen seiner Mönche
gesehen und deshalb immer wieder darauf verwiesen,
dass Streit um Detailfragen, da er Ranküne und Konflikte schüre, nur vom eigentlichen Ziel ablenke – eine
wesentliche Einsicht der Lehre, die nach dem Tod des
Meisters ja die geistliche Führung übernehmen sollte
(vgl. S. 31). Doch traten naturgemäß Individuen mit un-
verwechselbaren Charakterzügen und Denkweisen
hervor und formulierten ihr spezifisches Verständnis
der ursprünglichen Lehre.

Schon bei der Betrachtung der wichtigsten Schüler
Buddhas fallen unterschiedliche Tendenzen auf: Maudgalyayana war auf die Förderung okkulter Fähigkeiten
bedacht, die er durch die Übung von Achtsamkeit und
Versenkung zu gewinnen trachtete. Dagegen strebte
Shariputra (vgl. Abb. S. 26) nach höchster Weisheit,
suchte aber zugleich nach einem Weg, die Lehre für
Laien zu formulieren. Hierüber entstand fast schon
eine eigene Schule, in der die Weisheit dem Weg des
einfachen Glaubens und der Tugend gleichgestellt

wurde. Diese Auslegung sollte
später noch große Bedeutung erlangen, als im frühen Hinduismus
der Begriff der *bhakti,* der lieben-
den Hingabe an eine Gottheit,
einen Heilsweg für die Massen
eröffnete und damit den Buddhismus beeinflusste (vgl. S. 78).

Während sich Maudgalyayana
und Shariputra darum bemühten, ihre Fähigkeiten zu steigern,
um sie in den Dienst der Lehre zu
stellen, liefert Maha Kashyapa

Shariputra (links) und
der Magier-Mönch Maud-
galyayana (rechts) in
schematisierten Darstel-
lungen nepalesischer
Blockdrucke des frühen
20. Jahrhunderts

das frühe Beispiel eines Buddhisten, der Machtposi-
tionen in den Dienst seiner Ziele stellt. Als Anhänger
strenger Askese widersprach er Buddhas Weisungen
schon zu Lebzeiten des Meisters. Später musste er
unweigerlich in Opposition zu Ananda treten, dessen
gütiger, toleranter Charakter vielleicht noch am ehes-
ten dem Buddhas glich. Maha Kashyapa war Leiter
des ersten Konzils – ein Indiz dafür, dass die Asketen
in der buddhistischen Gemeinschaft die Führung übernommen hatten. Allerdings wurde Buddhas ›Lieblingsschüler‹ Ananda (vgl. S. 26f.) als maßgeblicher Berater
akzeptiert.

Die Wahl von Rajagriha als Tagungsort deutet zudem darauf hin, dass sich Maha Kashyapa mit König
Ajatashatru von Magadha verbündet hatte. Diese
Deutung setzt voraus, dass das erste Konzil tatsächlich stattgefunden hat und nicht nur eine Konstruktion
des Pali-Kanons ist (wie manche Forscher vermuten).
Als Symbol hat die Begebenheit aber in jedem Fall
Bedeutung. Solche weltlichen Allianzen nämlich begleiten den Buddhismus bis zum heutigen Tag und
können erschreckende Ausmaße annehmen, so auf
Sri Lanka, wo sich führende Mönche immer wieder
mit Politikern gegen die aus Indien eingewanderten
Tamilen verbünden.

Der Streit um Einzelfragen, den Buddha hatte vermeiden wollen und dem er durch Gleichnisse auswich, entwickelte sich teilweise einfach daraus, dass seine Lehre schwer verständliche, nach Interpretation verlangende Begriffe enthielt. Allein deswegen bildeten sich schon in der Frühzeit unterschiedliche Schulen heraus, die aber allesamt zwei Hauptströmungen zuzuordnen sind: dem Kleinen und dem Großen Fahrzeug.

Die ›Schule der Alten‹ und die ›Große Gemeinde‹
»Dem Floße gleich will ich euch die Lehre beschreiben, zum Überschreiten geschaffen und nicht dazu bestimmt, sie festzuhalten.« Dieser Ankündigung Buddhas folgt der Bericht über einen Mann, der durch ein Land voller Leid und Gefahren zieht, dort an einen Fluss gelangt und am jenseitigen Ufer die Rettung, das Ende der Qualen erkennt. Ein selbstgebautes Floß, Sinnbild für die Lehre, trägt ihn hinüber, doch sobald er auf der anderen Seite angelangt ist, hat das Vehikel keine Bestimmung mehr und kann zurückgelassen werden für andere, die sich in der gleichen Not befinden.

Die Lehre als Floß oder Fahrzeug, als Mittel zur Befreiung und ohne Anspruch auf einen Selbstzweck, wurde ein geläufiges Bild des buddhistischen Lehrstreits, freilich auch eines, mit dem Spott getrieben wurde. So waren die Vertreter der Großen Gemeinde,

Bootsfahrt als Symbol
für die buddhistische
Überschreitung

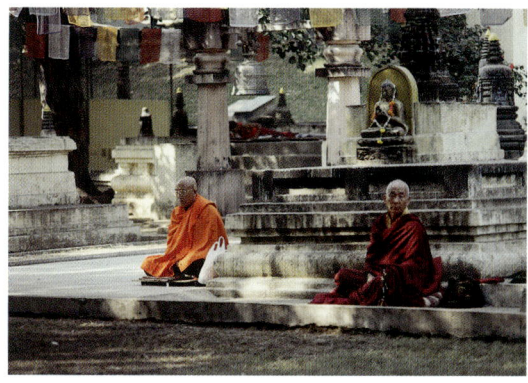

Ein Hinayana- und ein
Mahayana-Mönch neben-
einander in Bodh Gaya

die Mahasanghikas, auf dem dritten Konzil der Ansicht,
dass die Alte Schule der Weisheit ein gar zu ›kleines
Fahrzeug‹ *(hina yana)* besitze. Deren Lehre (die dem
Urbuddhismus womöglich noch recht nahe kam) sei in
Theorie und Praxis nun einmal nicht geeignet, die gesamte Menschheit zu erretten, sondern könne nur wenige Auserwählte ans andere Ufer bringen. Der Begriff
Hinayana bedeutet also eine Herabsetzung gegenüber
dem Großen Fahrzeug, dem Mahayana (vgl. S. 76ff.),
sodass die Anhänger der frühen Lehre lieber von der
Schule der Alten *(theravada)* sprechen. Dieser Terminus
hat auch insofern Berechtigung, als ehemals neben
den Theravadins mindestens 17 weitere Hinayana-
Schulen bestanden.

Schon der Konflikt auf dem dritten Konzil machte
deutlich, dass die Theravadins die eigene Erlösung in
den Vordergrund stellten, wenngleich sie nur in Aus-
nahmefällen einem Gläubigen die Aufnahme in den Orden verweigerten und somit jedem Gelegenheit gaben,
den Heilsweg zu beschreiten. Die Schule der Alten
verstand Buddha weiterhin als eine historische Figur;
allerdings wurden dem Meister bald Wunderkräfte zugeschrieben. Bis heute fühlen die Anhänger des Hinayana
sich an die überlieferten Texte gebunden und befolgen
die unter Ashoka niedergelegten Mönchsregeln. Theo-

logische Spekulationen werden abgelehnt, doch ist eine Tendenz zur Mystik festzustellen, wie sie schon bei Buddhas Schüler Maudgalyayana anklang (vgl. S. 56f.). Das rätselhafte Nirvana (vgl. S. 48f.) nimmt den Charakter eines Paradieses an, so wie Ashoka es populär gemacht hatte. Damit wandelt sich indes auch das Verständnis vom Individuum: Es wird ihm eine Seele zuerkannt, die das Paradies erleben kann, sofern sie gutes Karman angehäuft hat.

Über die Philosophie der Mahasanghikas, die in den Konzilien als Widersacher der Alten Schule auftraten, lassen sich kaum zuverlässige Aussagen treffen, da ihre eigenen Texte verschollen sind und die erhaltenen Berichte den parteiischen Aufzeichnungen ihrer Gegner entstammen. Offensichtlich bereiteten sie schon den Gedanken vor, dass Gautama nur die an sich unbedeutende Inkarnation eines Urwesens sei, welches das Absolute darstelle. Im Zusammenhang mit dem Mahayana wird noch erläutert werden, inwiefern diese Idee einen Erlösungsweg für breite Schichten ebnete.

Bereits unter Ashoka hatten die neuen Strömungen große Bedeutung erlangt. Feindselig disputierten sie über das Selbstverständnis der Arhats. Die Mahasanghikas wiesen darauf hin, dass selbst Weise einen nächtlichen Samenerguss erleiden können, der im Traum durch die Versuchung der Töchter Maras hervorgerufen werde. Darum habe ein Arhat keineswegs jenen Heilszustand erreicht, in dem er sich wähne.

Prozession buddhistischer Frauen. Malerei des 13. Jahrhunderts am Südfenster des Nandamanya-Tempels in Pagan, Burma

Abschließend bleibt zu ergänzen, dass die Festschreibung der Lehre in einem Kanon eine gewisse Stagnation begünstigt hat. Sehr deutlich lässt sich dies am buddhistischen Frauenbild demonstrieren. »Man soll sich vor Frauen hüten«, heißt es im Kanon. »Auf eine kluge kommen tausend dumme oder schlechte. Der Charakter der Frau ist verborgener als der Weg, den der Fisch im Wasser nimmt. Sie ist wild wie ein Räuber und ebenso hinterhältig. Nur selten spricht sie die Wahrheit: Für sie sind Wahrheit und Lüge dasselbe.« Es ist kaum denkbar, dass Buddha, der die Gleichheit des Menschen lehrte und einen Nonnenorden einrichtete, sich zu solchen Äußerungen herabgelassen hätte. Offenbar kritisierten spätere Generationen Buddhas Auffassung und fügten kurzerhand solche Wertungen in seine Reden ein. Mit der Niederschrift wurden sie verbindlich und bis heute kolportiert.

Hinayana heute

Zu den Missionaren, die unter Ashoka in Indiens Nachbarländer aufbrachen, zählte auch Mahinda, der Sohn (oder Bruder) des Kaisers. Um 250 v. u. Z. erreichte er jene Insel, die wir jetzt als Sri Lanka kennen. Bis heute blieb dort die buddhistische Lehre in der Form des Theravada / Hinayana erhalten, wenig beeinflusst vom Gedankengut späterer Invasoren aus Indien und Europa.

Für Buddha war der Auszug in die Heimatlosigkeit ein wichtiger Akt. Die Sesshaftigkeit eines Mönchs sah er als Gefahr an. Sie bedeute den ständigen Kontakt mit immer gleichen Personen. Aus einer solchen Konstellation erwüchsen dann zwangsläufig soziale Verpflichtungen, die den Zielen eines Mönchs nicht zuträglich sein könnten. Zudem beginne der Sesshafte auf sein Ansehen zu achten und nach Besitz zu streben; auch das bringe ihn in Konflikt mit der buddhistischen Lehre.

Anfangs hatten die Mönche tatsächlich kein Heim. Lediglich während des Monsuns suchten sie einfache Schutzhütten *(vihara)* auf – nicht zu weit von Ortschaf-

Mihintale, Geburtsstätte des Buddhismus auf Sri Lanka und ein Zentrum der Pilgerfahrt

ten entfernt, sodass sie noch Almosen erbetteln und missionarisch tätig sein konnten, aber doch weit genug, um ungestört ihren Meditationsübungen nachzugehen. Diese Hütten wurden dann zu Keimzellen von Klöstern, ebenfalls Vihara genannt. Buddhas Warnungen gewannen in diesem Zusammenhang konkrete Bedeutung.

Denn in den Klöstern trat die Missionsarbeit immer mehr hinter die Suche nach dem persönlichen Heilsweg zurück. Das führte zu wachsender Isolierung der Mönche, zumal sie, vor allem dank königlicher Schenkungen, zu beachtlichem Wohlstand gelangten und so in einen neuen gesellschaftlichen Status aufstiegen. Unvermeidlich brachte die klösterliche Sesshaftigkeit Verstrickungen ins politische Geschehen mit sich. Hinderlich im Sinne einer Selbstzensur war allein schon, dass den Klöstern die Finanzmittel entzogen wurden, wenn sie das Missfallen des Herrschers erregten. So lernte man, das Unanstößige zu lehren. Die unselige Allianz zwischen geistlicher und weltlicher Macht bestimmte über viele Jahrhunderte die Geschicke Sri Lankas. Sie endete auch nicht unter den Briten, denn nun gerieten die Klöster in Abhängigkeit von reichen, meist konservativen Familien, die mit den Kolonialherren paktierten und ihren Einfluss auf den Orden geltend machten. In dieser Zeit hielt das Kastenwesen Einzug in die soziale Struktur der Klöster: Die geldgebenden Familien sorgten dafür, dass nur noch Angehörige ihrer Schicht in die Viharas aufgenommen wurden.

Buddhistische Feste auf Sri Lanka: Der Festtagskalender wird von den Vollmondtagen *(poya)* bestimmt. Kleinere Feiern finden zu jedem Voll- und Neumond statt. In Vollmondnächten werden Prozessionen zu den Tempeln durchgeführt, Blumenopfer dargeboten, Räucherstäbchen entzündet und heilige Texte rezitiert. Der Vollmondtag im Mai *(vesak)* und der im Juni *(poson)* haben besondere Bedeutung: Vesak ist das Fest der Erwachung, der Geburt und des Todes von Buddha, während Poson an Mahindas Mission nach Sri Lanka erinnert. Daneben existieren lokale Feste, die dem angeblichen Besuch Buddhas im jeweiligen Ort gewidmet sind.

Solche Wandlungen, dazu die ökonomischen Auswirkungen der Kolonialherrschaft, führten in einem längeren Prozess zum Verfall des Klosterlebens auf der Insel. Zwar brachten Mönche aus Burma und Thailand im 18. Jahrhundert noch einmal frische Impulse; zu einer wirklichen buddhistischen ›Renaissance‹ kam es erst, als in Europa das Interesse am Buddhismus erwachte. So wurde 1891 auf Sri Lanka die Mahabodhi Society gegründet, vermittelten Interessierte und Ordinierte des Westens das Schrifttum und die Ideenwelt des Pali-Kanons nach Europa.

Modernes Buddha-Bild vor dem Rathaus von Colombo, Sri Lanka

Neuen Aufschwung brachte dem Buddhismus auf Sri Lanka die Unabhängigkeitsbewegung seit Ende des 19. Jahrhunderts; die Lehre stärkte damals das insulare Nationalbewusstsein. Für den alten spirituellen Anspruch war das neue politische Gewicht freilich nicht eben förderlich. Die politischen Parteien der Gegenwart stimmen ihre Taktik stets auf die Meinung führender buddhistischer Kreise ab, denn die Mönche schenken ihre Sympathie ganz unverhohlen der Fraktion, von der sie sich die größten materiellen Gewinne erhoffen. 1972 standen sie auf der Seite der Sozialisten, die den Buddhismus auf Sri Lanka zur Staatsreligion erhoben, 1977 wechselten sie zu den Konservativen, weil die Linke erhöhte Steuerforderungen an den Orden stellen wollte.

Entwicklung des Buddhismus in Südostasien

1. Jahrhundert u. Z.	Von Kalinga (Orissa) in Indien aus erste Handelsschiffe nach Südostasien
ab 2. Jahrhundert	Erste buddhistische Gemeinden im chinesischen Norden Vietnams (Annam)
ab 224	Aufstieg der Sassaniden im Iran behindert den Handel zwischen Indien und dem Westen, Verlagerung nach Ost- und Südostasien
4. Jahrhundert	Im Zentrum des heutigen Vietnam Bildung eines indisch geprägten, hinduistischen Reiches Champa
5. Jahrhundert	Zentren des Hinayana in Burma, erste Zeugnisse auf Java und Sumatra
ca. 550	Das von China geprägte Funan zerfällt in die Reiche Kambodscha und Dvaravati, in letzterem erste Zentren des Hinayana
580	Ableger der chinesischen Chan-Schule im Norden Vietnams
671–695	I-ching aus China bereist Indien und Indonesien
7. Jahrhundert	Auf Sumatra Mahayana und Tantra
770–1095	Pala-Dynastie in Indien, Kulturaustausch mit Südostasien
8. Jahrhundert	Mahayana-Buddhismus nach Kambodscha und Java
ab 9. Jahrhundert	Mahayana im burmesischen Pagan; Khmerstaat beherrscht große Teile Südostasiens, neben Hinduismus auch Mahayana verbreitet
938	Vietnam unabhängig von China
ca. 970	Mahayana Staatsreligion in Vietnam
ab 11. Jahrhundert	In Burma setzt sich Theravada-Buddhismus durch
um 1150	Erster buddhistischer Herrscher in Angkor, danach dort Niedergang des Hinduismus
1287	Mongolen erobern burmesisches Reich Pagan
13./14. Jahrhundert	Thaivölker aus Südchina nach Thailand, Burma und Laos, dort Gründung von Kleinstaaten, die Hinayana annehmen
ab 14. Jahrhundert	Buddhismus auf Sumatra durch Islam, auf Java durch Hinduismus verdrängt
1407	Truppen der chinesischen Ming-Dynastie erobern Vietnam und zerstören buddhistische Denkmäler
1428	Nach Vertreibung der Chinesen aus Vietnam dort Konfuzianismus eingeführt und Buddhisten verfolgt

1431	Khmerhauptstadt Angkor von Thai zerstört, das Reich, fortan Kampuchea genannt, bekennt sich zum Theravada
1471	Untergang Champas
1479	In Burma unter einem Thaikönig die Ordensregeln Sri Lankas verbindlich gemacht
1592	Ayuthya schüttelt die burmesische Fremdherrschaft (seit 1569) ab und wird ein Zentrum des Theravada
16. Jahrhundert	Teilung Vietnams in Nord und Süd, die beiden verfeindeten Königshäuser fördern wieder den Buddhismus
1707	Laos zerfällt in Kleinstaaten, in denen Geisterkulte Buddhismus verdrängen
1767	Zerstörung Ayuthyas durch Burmesen, Auflösung des Reichs Siam bringt Krise für den Buddhismus in Thailand
1802	Vietnam unter einem Kaiser vereint, neue Blüte des Buddhismus im Norden des Landes
1804–1868	Prinz Mongkut reformiert Buddhismus in Thailand
1824–1826, 1852	Burma führt zwei Kriege gegen Britisch-Indien
1841	Kampuchea von Vietnamesen annektiert, Unterdrückung der Khmerkultur; zahlreiche buddhistische Heiligtümer zerstört
1857–1867	Südvietnam von Franzosen besetzt, dort Verfall des Buddhismus
1863	Kampuchea wird französisches Protektorat
1868–1871	5. buddhistisches Konzil in Mandalay, Prüfung und erneute Festschreibung des alten Kanons
1883–1884	Franzosen besetzen auch den Rest Vietnams
1887	Zusammenschluss der französischen Kolonien und Protektorate zu Indochina
1893	Laos wird Indochina eingegliedert
ab 1920	Erneuerungsbewegung des Buddhismus in Vietnam, wird zur treibenden Kraft des Widerstands gegen Franzosen
1940	Japaner erobern Vietnam
1945	Franzosen bemühen sich um Wiederherstellung des Kolonialregimes, Verhaftungen politisch verdächtiger Mönche
1946	Ausbruch des ersten Indochinakrieges
1948	Buddhistischer Sozialismus im unabhängigen Burma
1953	Ende des französischen Protektorats über Kampuchea, Politik nach dem Vorbild

	Burmas angestrebt, die Kommunisten (Rote Khmer) in den Untergrund gedrängt
1954	Abzug französischer Truppen aus Indochina, Schaffung der unabhängigen Staaten Laos, Kambodscha, Nord- und Südvietnam
1954–1956	6. Konzil in Rangun, Beschluss einer buddhistischen Weltmission
1955	USA leitet Militärhilfe für Südvietnam ein
1964	Ausbruch des zweiten Indochinakrieges
1970	Sturz der Regierung Sihanuk in Kambodscha durch proamerikanische Militärs, Bürgerkrieg
1973	Abzug der letzten US-Truppen aus Südvietnam
1975	Kommunisten siegen in Vietnam, Laos und Kambodscha; unter den Roten Khmer Ausrottung des Buddhismus angestrebt; Repressalien gegen Buddhisten auch in Vietnam
1979	Vietnam besiegt die Roten Khmer
1987	Vietnamesische Regierung nimmt wieder eine tolerante Haltung gegenüber Buddhisten ein
1989	Vietnam zieht Truppen aus Kambodscha zurück, auch hier entspannt sich die Lage für die Buddhisten
1991	Mit dem Ende der Sowjetunion setzt in vielen zuvor kommunistisch regierten Ländern Südostasiens eine Wiederbelebung des Buddhismus ein
1999	Mit dem auflebenden Tourismus in Vietnam beginnt auch dort die Pflege buddhistischer Kultstätten
2006	Putsch in Thailand
2007	Unter Führung buddhistischer Kreise blutige Demonstrationen in Myanmar

Eine Diskrepanz zwischen dem Streben nach dem Heilsweg und solchen weltlichen Erwägungen wird in der Regel weder von Ordinierten noch von Laiengläubigen empfunden. Das Volk hat ohnehin einen recht unkomplizierten Zugang zur buddhistischen Lehre gefunden. Von ›Lord Buddha‹ ist da die Rede, einem höheren Wesen, das im Himmel throne und das auf recht naive Weise angebetet wird (vgl. S. 74f.).

Aus Burma (heute: Myanmar) liegen Zeugnisse für eine Verbreitung des Hinayana seit dem 5. Jahrhundert

u. Z. vor. Zu dieser Zeit, als große Teile Ostbengalens (heute: Bangladesh) noch undurchdringliche Wildnis waren, dürfte die Lehre wohl weniger auf dem Landweg als vielmehr durch den regen Seehandel von den Häfen Westbengalens und Orissas dorthin gelangt sein. Das Mahayana scheint erst im 9. Jahrhundert eine gewisse Beachtung gefunden zu haben, vermochte sich aber nie ganz durchzusetzen, zumal es von staatlicher Seite immer wieder unterdrückt wurde, um dem Land durch kulturelle Einheit politische Stabilität zu verleihen. Dass im 11. Jahrhundert ein König von Pagan den Theravada-Buddhismus Sri Lankas zur Staatsreligion erhob, ist wohl eher eine spätere Fantasie. Allerdings bestand immer wieder Austausch mit Sri Lanka, das sich über die Jahrhunderte hinweg zum Vorbild entwickelte und den burmesischen Buddhismus prägte. Zugleich trägt die burmesische Variante des Theravada auch Züge einer bodenständigen Geisterverehrung und des tantrischen Buddhismus (vgl. S. 100ff.), der über Bengalen ins Land kam und bis ins 16. Jahrhundert populär blieb.

1287 wurde Pagan von Mongolen erobert, 1299 von Thaivölkern zerstört, die in Pegu den neuen Regierungssitz einrichteten und 1479 das Hinayana verbindlich machten. Nachdem den unterdrückten Burmesen die Befreiung gelang, führten sie im 16. Jahrhundert Kämpfe ›im Namen Buddhas‹ gegen ihre thailändischen Nachbarn. Die Konfrontation mit den letztlich stärkeren Briten, die Teile Burmas an sich reißen konnten, führte

›Buddhistische‹ Kavallerie auf dem Feldzug. Darstellung des 19. Jahrhunderts, Burma. Die Feindseligkeiten zwischen Burma und Thailand erreichten im 18. Jahrhundert einen Höhepunkt, als sich Burma zu ›buddhistischem Imperialismus‹ verstieg und zunächst Thailand und Laos, im 19. Jahrhundert auch Britisch-Indien zu erobern suchte.

Mönch am berühmten
Goldenen Stein bei
der Kyaiktiyo-Pagode,
Burma

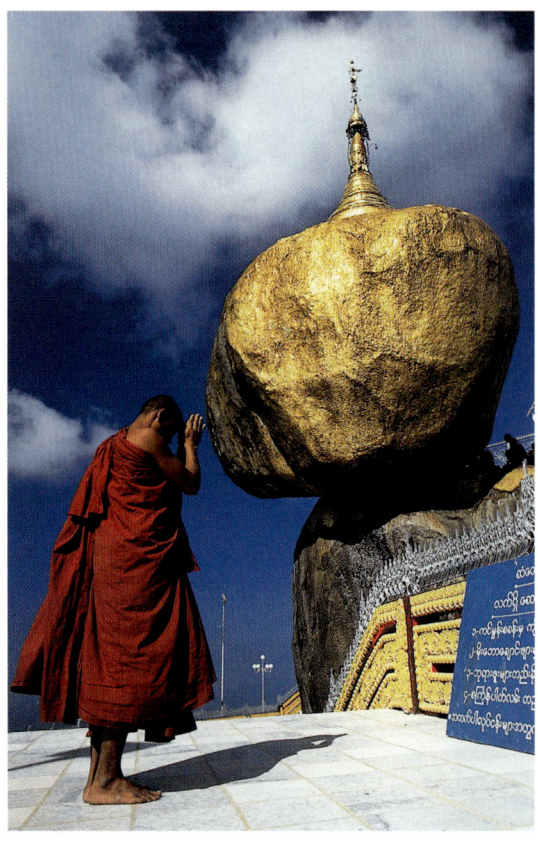

im 19. Jahrhundert zu einer schweren Krise in der Einheit des Ordens. Es wurde deshalb 1868 ein fünftes buddhistisches Konzil in Mandalay einberufen, das die erneute Festschreibung des Kanons zum Ziel hatte. In der Tat wurde so wieder ein Gemeinschaftsgefühl gestärkt, das schließlich auch dem Unabhängigkeitskampf zum Erfolg verhalf.

Der seit 1948 souveräne Staat Burma strebte zuerst eine Synthese zwischen Buddhismus und Sozialismus an, wobei er die von der Lehre benannten Grundübel – Gier, Hass und Verblendung – auf das kapitalistische

Denken zurückführte und mit der Beseitigung wirtschaft-
licher Ungerechtigkeiten ein ›Nirvana im Diesseits‹
schaffen wollte. Dieses kühne Ziel war zunichte, als
1962 das Militär die Macht übernahm und – wenngleich
immer noch im Namen des Buddhismus – eine strenge,
gegen das Ausland abgeschottete Diktatur errichtete.
Am Widerstand gegen Willkür und Gräueltaten der Militärs waren Mönche immer wieder maßgeblich beteiligt.
Allerdings geschah dies nicht nur aus humanitären Erwägungen. So wollte man etwa die Verstaatlichung von
Betrieben rückgängig machen, da diese Maßnahme
den Klöstern die wichtigsten Geldgeber entzogen hatte.
Als sich im Herbst 2007 abzeichnete, dass die Demo-
kratisierung des Landes ein leeres Versprechen der
Militärs bleiben würde, führten Mönche und Nonnen
erneut blutige Demonstrationen an.

Im thailändischen Reich Dvaravati war das Hinayana
etwa seit Mitte des 6. Jahrhunderts u. Z. bekannt. Nen-
nenswerte Verbreitung fand die Religion jedoch erst, als
im 13. Jahrhundert Thai-Völker aus dem Süden Chinas
nach Thailand, Laos und Burma vordrangen und in
diesen Ländern buddhistische Kleinstaaten gründeten

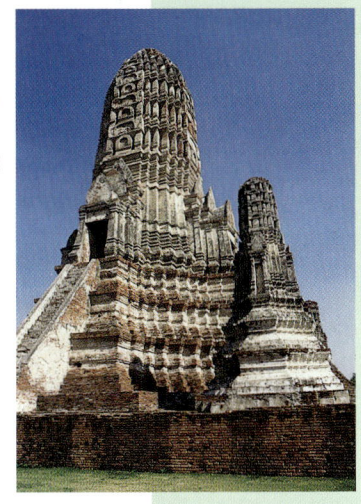

Tempelbauten der alten,
1767 zerstörten Residenz-
stadt Ayuthya, Thailand

(Sukhothai, Lannathai, Ayuthya = Siam,
Pegu in Burma, Lan Chang = Laos). Die
politische und geistliche Führung hatte
Ayuthya inne; entsprechend wurde es im
16. Jahrhundert Hauptziel burmesischer
Übergriffe (s. o.). Nachdem die Gefahr 1592
vorübergehend gebannt war, begann in
Siam eine Hochblüte des Theravada, die
erst 1767 mit der erneuten Eroberung
Ayuthyas durch Burmesen endete. Die
Hauptstadt wurde damals vollständig
zerstört, das Reich zerfiel, die Bevölkerung nahm Zuflucht zu Geisterkulten.

Eine tiefgreifende Reformation des
Hinayana vollzog sich Anfang des 19. Jahrhunderts durch die Bestrebungen des

Im Tempelbezirk des
Wat Phra Keo, Bangkok.
Typisch für die thailän-
dische Sakralarchitektur
sind die schlank auf-
gipfelnden Chedis. Sie
bieten eine regionale
Variante der Stupa-
Grundform.

Prinzen Mongkut, der auch einige christliche Elemente
in den thailändischen Buddhismus hineintrug. Ein weiterer auffälliger Zug des Hinayana in Thailand ist die auf
chinesische, aber auch indische Traditionen zurückzu-
führende Königsverehrung, die sich die Regierenden
bis in die Gegenwart hinein zunutze machen. Immer
wieder bemüht sich der Staat um Kontrolle über die
Angelegenheiten des Ordens. Mehr als einmal ist es
ihm gelungen, den Buddhismus für seine Ziele zu missbrauchen. In engem Zusammenhang damit steht die in
Thailand weitverbreitete Vorstellung von einem nahen
Anbruch des Reiches Maitreyas (vgl. S. 14): Regie-
rungsreformen oder Staatsstreichen wird gern eine
religiöse Rechtfertigung dadurch verliehen, dass mit
ihnen angeblich die Geburt des Erlösers eingeleitet
werde. Seit dem Putsch im April 2006 scheint das Gefüge allerdings an Tragfähigkeit zu verlieren.

Während sich in Thailand viele Mönche für die anti-
kommunistische Propaganda zur Zeit des Vietnamkrie-
ges einspannen ließen, stand der Orden in Laos eher
auf der Seite der kommunistischen Pathet Lao. Das
Beispiel zeigt ein weiteres Mal, dass der Klerus heute
in allen Hinayana-Ländern regen Anteil am politischen
Geschehen nimmt und meist die Partei favorisiert, von

der er sich Wohlstand und Handlungsfreiheit verspricht. In Laos ging die Rechnung allerdings nicht ganz auf.

Das Land hatte als letzter der oben genannten Thaistaaten um 1356 das Hinayana angenommen, war im 18. Jahrhundert weitgehend umgeschwenkt auf einen volkstümlichen Geisterkult, fand aber zurück zum Buddhismus, als 1893 die Franzosen ihr Protektorat über Laos einrichteten. Das Hinayana wurde damals zum Motor des Widerstands gegen die Fremdherrschaft. Nach Auflösung des Protektorats (1945) gewannen die proamerikanischen Militärs an Macht und begannen, die Selbstverwaltungsrechte des Ordens einzuschränken. So erklärt sich die Sympathie für die Kommunisten, die jedoch, als sie 1975 die Regierung übernahmen, ebenfalls Schritte gegen den ihrer Ansicht nach allzu einflussreichen Sangha einleiteten. Mehr Freiheiten und größeres Ansehen genießt der Buddhismus in Laos erst wieder, seit nach der Zeit der nationalkommunistischen Isolation die Grenzen zum buddhistischen Nachbarn Thailand erneut geöffnet sind.

Kambodscha, ehemals Teil des riesigen Khmerreiches (9.–13. Jahrhundert), ist zunächst nicht zu den Hinayana-Staaten zu rechnen. Im Gegenteil, über Jahrhunderte waren hier der Hinduismus und in zweiter Linie das Mahayana verbreitet. Erst als im 13. Jahrhundert Thaivölker das Reich zu schwächen begannen, setzte sich

Tor von Angkor Thom inmitten des kambodschanischen Dschungels. Stich von 1868

unter ihrem Einfluss die Alte Weisheitsschule durch. Sie war deutlich von den thailändischen Nachbarn geprägt und zeigte vor allem jene bereits erwähnte Tendenz, alle Hoffnung auf Beseitigung von Missständen in den künftigen Buddha Maitreya zu setzen. Politisch vermochte sich Kampuchea, wie sich das Reich seit der Verlegung der Hauptstadt von Angkor nach Phnom Penh im 15. Jahrhundert nannte, nicht mehr recht aus dem Spannungsfeld zwischen Thailand und Vietnam zu lösen. Diese Hilflosigkeit führte dazu, dass die Herrscher gelegentlich Kontakt zu neuen Verbündeten aufnahmen und dann auch Zuflucht zu deren Religion (Christentum, Islam) suchten.

Schwere Repressalien erlebte der Buddhismus in Kambodscha erstmals, als das Land 1841 von Vietnamesen besetzt wurde, welche die gesamte Khmerkultur ausrotten wollten. Mit dem Protektorat Frankreichs

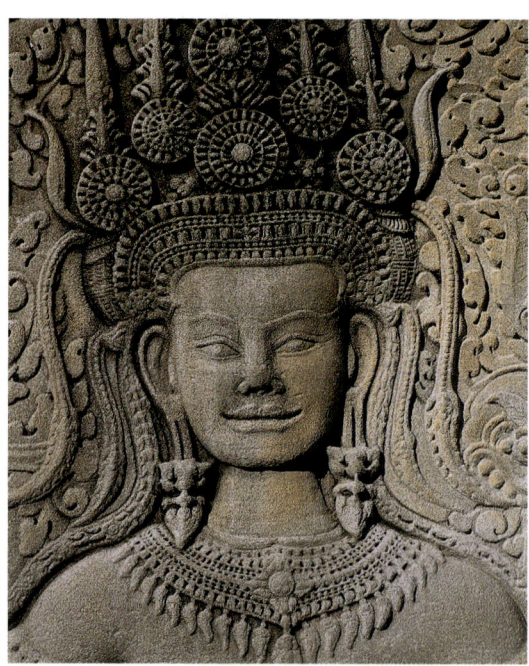

Eine Apsaras, eine himmlische Nymphe, wie sie für den Hinduismus, aber auch für die Bilderwelt des Buddhismus charakteristisch ist. Flachrelief aus Angkor, Kambodscha

(seit 1863) begann für Kampuchea ein relativ ruhiges, vom allgemeinen Weltgeschehen kaum berührtes Jahrhundert, in dem eine orthodoxe Form des Theravada blühte. Dennoch beteiligten sich die Mönche später am Widerstand gegen die Franzosen, die 1953 das Land räumen mussten. Im Anschluss daran strebte Prinz Sihanuk nach einer Verwirklichung jenes ›buddhistischen Sozialismus‹, wie ihn zuerst Burma propagiert hatte, und ließ die radikale Linke, bekannt als Rote Khmer, unterdrücken. Unterdessen hatten sich proamerikanische Militärs auf die Seite Südvietnams geschlagen und stürzten 1970 die Regierung Sihanuk. Zwischen ihnen und den Roten Khmer entbrannte ein Bürgerkrieg, der 1975 den Sieg der Kommunisten zur Folge hatte. Dem anschließenden Regime der Roten Khmer fielen vor allem Buddhisten zum Opfer, deren Lebenshaltung nun als unvereinbar mit den linksradikalen Zielen galt. 1979 wurden die Roten Khmer von Vietnam gestürzt – bei aller Bedeutung des Vorgangs auch ein Indiz für die anhaltenden Expansionsbestrebungen des in einem kommunistischen Einheitsstaat wiedervereinigten Nachbarn. Das politische Chaos und damit auch die Krise des Theravada in Kambodscha endete mit der Intervention der UN, auf die 1993 die Wiedereinsetzung Sihanuks als Staatsoberhaupt folgte. Nach seinem Rücktritt 2004 wählte der Thronrat einen Sohn Sihanuks zum neuen König, dessen Führung weiterhin durch kommunistische Guerillaeinheiten bedroht ist.

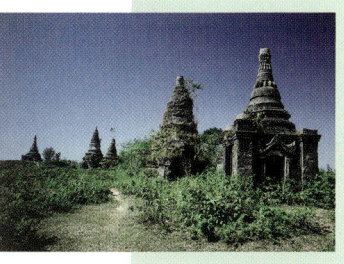

Überwuchert und verlassen: Buddhistische Sakralbauten in Cox's Bazaar, Bangladesh

Neben diesen großen und teils auch einflussreichen Gemeinden in Burma, Thailand, Laos und Kambodscha existieren noch armselige, traurig anmutende Hinayana-Enklaven im Südosten von Bangladesh sowie im Umfeld einiger buddhistischer Heiligtümer in Indien. Hier wie dort ist ihr Fortbestehen allerdings politisch und sozial stark gefährdet.

Mönchsleben auf Sri Lanka

Schon Ende des 19. Jahrhunderts wurde auf Sri Lanka deutlich, dass Laienorganisationen der buddhistischen Bewegung weit mehr Dynamik bringen als die Mönchsgemeinde selbst. Bestimmend dafür ist wohl, dass der Eintritt in den Orden nicht aus Überzeugung und eigenem Antrieb erfolgt, sondern von den Eltern verfügt wird. Meist ist es der jüngste Sohn, der im Alter von acht bis zehn Jahren ins Kloster geschickt wird. Oft handelt es sich um das Mitglied einer einfachen Familie, dem im weltlichen Leben keine Karriere winkt oder dem von Wahrsagern eine ungute Zukunft prophezeit wurde.

Fragwürdig ist natürlich, wie unter solchen Voraussetzungen die Motivation für ein Klosterleben entstehen soll, zumal daran Entsagungen wie Zölibat und Besitzlosigkeit geknüpft sind, zu denen sich eigentlich nur ein erwachsener, reifer Mensch nach genauer Selbstprüfung entschließen kann. Der Austritt aus dem Kloster birgt rein formal zwar keinerlei Probleme – ohnehin werden die Mönche einmal im Jahr befragt, ob und warum sie noch dem Orden angehören möchten –, ist aber doch mit einigen Risiken verbunden. Schließlich wird den jungen Menschen im Kloster keine Berufsausbildung zuteil, und selbst der ›allgemeinbildende‹ Unterricht bleibt weit unter dem Standard der staatlichen Schulen, sodass Mönche, die dem Klosterleben entsagen möchten, kaum eine Chance in der Gesellschaft haben. Und falls sie eines Tages in den Orden zurückkehren möchten, müssen sie wieder auf der untersten Stufe der Hierarchie ansetzen.

So ist die Mönchsgemeinde denn keinesfalls als eine Vereinigung hochgeistiger Männer anzusehen. Gelegentlich findet sich zwar bewundernswerte Gelehrsamkeit, gleich daneben aber auch Stumpfsinn, der sich im einfachen Hersagen der Mönchsregeln erschöpft. Charakterfestigkeit steht neben kleinlichem Opportunismus, überzeugte Weltentsagung neben Habgier.

Für alle Mönche existiert indessen so etwas wie ein kleinster gemeinsamer Nenner, der den Tagesablauf bestimmt: Auf das Frühstück um sechs Uhr folgt der Bettelgang, um zwölf Uhr das letzte Mahl des Tages, danach die Geistesschulung, die vom bloßen Rezitieren bis hin zu höchsten Stufen der Meditation reichen kann.

So wenig sich die Mönchsgemeinde als homogene Einheit darstellt, so unterschiedlich sind auch die Einrichtungen, in denen sie lebt. Die etwa 5000 Klöster Sri Lankas verfügen zwar über große Ländereien und Geldmittel, doch ist dieser Besitz ungleich verteilt. In manchen Klöstern fristen vier oder fünf Greise ein erbärmliches Dasein, während andernorts mit überraschendem Prunk aufgewartet wird.

Ebenso bunte wie naive Wandmalereien in einem zeitgenössischen buddhistischen Tempel in Matara, Sri Lanka. Solche Ensembles dienen den Gläubigen als pädagogische Bildeinführungen in die buddhistische Vorstellungswelt.

In diesem Zusammenhang ist zu beachten, dass sich inzwischen auf Sri Lanka drei Sekten etabliert haben, die weniger in ihrer Einstellung zur Lehre als vielmehr in ihrem sozialen Denken unterschieden sind. Die Provinzstadt Kandy, wo ein Zahn Buddhas aufbewahrt und jedes Jahr einmal in einer aufsehenerregenden Prozession durch die Straßen getragen wird, ist Sitz der Siam Nikaya. Die Anhänger dieser Richtung, einer im 18. Jahrhundert von thailändischen Mönchen inspirierten Erneuerungsbewegung, die ursprünglich als Antwort auf die Verweltlichung des Ordens entstanden war, gehören ausnahmslos der Oberschicht an. Sie waren es, die sich offen zum Kastenwesen bekannten. Im frühen 19. Jahrhundert bildete sich als Reaktion darauf die von Burma beeinflusste Amarapura Nikaya, deren heutiges Zentrum die Kleinstadt Galle ganz im Süden ist. Wenig später, 1835, formierte sich bei Colombo die Ramanya Nikaya, die den beiden anderen Sekten ihre Neigung zum Materialismus vorwarf. Das äußere Erkennungszeichen der Ramanya Nikaya-Mönche ist denn auch ein Palmblatt, das sie statt des von der Kolonialmacht eingeführten Schirms als Regenschutz tragen.

Als im 17. Jahrhundert der Buddhismus auf Sri Lanka seinen stärksten Einbruch bis dahin erlebte, verschwanden die Nonnenklöster, die beim Wiederaufleben der Religion nicht reformiert wurden. Die etwa 3000 Acht-Gebote-Frauen, die nach den Regeln des Sangha leben, besitzen seither keinen offiziellen Status, sodass ihnen etwa der Zugang zur buddhistischen Universität verwehrt bleibt. Ein Umdenken darf man von den Patriarchen, die heute das Mönchsleben auf Sri Lanka beherrschen, kaum erwarten.

Rückkehr zum Göttlichen

Buddha lehrte, dass alles Grübeln über das Wesen und Wirken der Götter den Heilsweg nur verdunkle. Dennoch bleibt es dem buddhistischen Gläubigen belassen, sich individuell ein Pantheon auszuschmücken und so ein einfacheres Verständnis der Lehre zu gewinnen. Daraus ist nicht zwingend auf ein simplifiziertes Modell des Kosmos zu schließen, wie oft behauptet wird. Im Gegenteil haben die letztlich doch unvermeidlichen theologischen Spekulationen im späteren Buddhismus zu einem sehr komplexen, anspruchsvollen Weltbild geführt. Entsprechende Überlegungen begannen schon vor der Zeitenwende im Nordwesten Indiens mit dem Orden der Mahasanghikas (vgl. S. 60ff.).

Aber nicht nur der Wunsch der Laien, transzendentale Ideen zu konkretisieren, führte zu einem grundlegenden Wandel der buddhistischen Lehre. Der Niedergang des Maurya-Reichs zwang die inzwischen an staatliche Unterstützung gewöhnten Klöster, sich um neue Förderer zu bemühen. So ergaben sich Bindungen an finanzkräftige Laienkreise, die ihrerseits Heilswege erwarteten, aus denen keine Konflikte mit ihren weltlichen Interessen erwuchsen. Ohnehin mehrte sich längst die Kritik an den Arhats, die Erlösung nur für den Einzelnen erstrebten, ohne dabei den Widerspruch zu empfinden, dass sie so den von der Lehre verworfenen Individualismus, vielleicht sogar Egoismus nährten. Damit führte, rein philosophisch betrachtet, der Weg zur Erlösung geradewegs zu seinem Kontrapunkt.

War der Mensch fähig, aus eigener Kraft auf Buddhas Pfad zu wandeln? Oder konnten nur höhere Wesen die Spannungen und Widersprüche durchschreiten, ohne sich gewollt oder ungewollt einer der konkurrierenden Kräfte zuzuneigen? War es vielleicht so, dass nur die Zuwendung zu diesem höheren Wesen aus dem menschlich-weltlichen Dilemma zu befreien vermochte? Gewiss steckte Resignation in solchen Fragen, und düstere Perspektiven waren dem Buddhismus nicht mehr fremd.

Auch für das Hinayana, für die Anhänger der Alten Weisheitsschule, galt mittlerweile als unumstößlich, dass sich die Lebensbedingungen seit Buddhas Zeiten erheblich verschlechtert hätten und niemand mehr in der Lage sei, den von der authentischen Lehre gewiesenen Weg zum Nirvana zu beschreiten. Das Erdendasein habe nach dem Wunder der Erwachung zwangsläufig in ein tiefes Tal absinken, in Kriege und Seuchen münden müssen. Die Lebensspanne des Menschen werde immer kürzer, und erst wenn sie nur noch wenige Jahre betrage, werde man sich langsam wieder zu einem neuen Höhepunkt emporschwingen. Diesen Höhepunkt werde nach Millionen von Jahren die Menschwerdung des Erlösers Maitreya bezeichnen.

Einer der berühmtesten Pilger des Buddhismus, der Chinese Xuan-zang (7. Jahrhundert), kehrt mit zahlreichen Textrollen auf seinen Schultern aus Indien zurück. Der Fliegenwedel in seiner Linken symbolisiert die Bereitschaft, böse Geister abzuwehren, der Tiger an der Seite den Willen des Pilgers zum Kampf für die neue Lehre. Oben links thront Buddha auf einem Lotos. Darstellung auf einer seidenen Bildrolle aus Dunhuang, China

Solche Denkweisen, die schon wenige Jahrhunderte nach dem Tod Buddhas im Hinayana kursierten, liegen dem Mahayana noch wesentlich näher. Es überrascht deshalb nicht, dass die Feindschaft, die in den Konzilien das Verhältnis beider Richtungen überschattet hatte, allmählich schwand. Berichte chinesischer Pilger (vgl. S. 141) belegen sogar, dass in einigen buddhistischen Klöstern Indiens die zahlenmäßig überlegenen Anhänger des Hinayana mit denen des Mahayana unter einem Dach lebten und lehrten.

Die Darlegung des Göttlichen im Mahayana befasste sich nicht mit jenen Volksgottheiten, die von Laiengläubigen beider Schulen verehrt wurden, sondern mit der Gestalt des Buddha, in die nun Konzepte des brahmanischen Pantheons projiziert wurden. Dem Brahmanismus ist auch die Dreikörperlehre entlehnt, die Grundlage für ein komplexes System von Buddha-Erscheinungen wurde. Nach dieser Lehre existiert im Nirvana ein Leib des Absoluten *(dharmakaya)*, eine höchste Instanz, in der

Tibetischer Laiengläubiger bei einer seiner Niederwerfungen als Ausdruck der Ergebenheit. »Fromme Pilger messen den Umrundungsweg für Pilgerstätten oder den Pilgerweg um heilige Orte wie den Berg Kailash bisweilen gar mit ihrem Körper ab, indem sie jedesmal, bevor sie sich von der langgestreckten Verneigung erheben, ihre Gebetsschnur an die Stelle legen, die ihr Kopf berührte, und dann bis zu dieser Stelle vorgehen, um erneut ihre Zufluchtnahme zu vollziehen. Tage und Wochen können so vergehen, den Geist auf das Numinose gerichtet.« (K.-H. Everding)

alle Buddhas miteinander identisch sind. Auf mittlerer Ebene ist ein transzendenter Leib *(ṣambhogakaya)* angesiedelt, der nicht mit den Sinnen, sondern nur spirituell wahrnehmbar ist. Dieser von Weisheit und Mitleid erfüllte überweltliche Buddha stellt die eigentliche Heilsgottheit dar. Um den Menschen die Lehre verkünden und sie auf den rechten Weg führen zu können, nimmt der transzendente Leib im Diesseits einen sichtbaren Körper *(nirmanakaya)* an, wie es bei Siddharta Gautama der Fall war und in ferner Zukunft bei Maitreya der Fall sein wird. Die geistige Überlegenheit dieser sichtbaren Wesen darf nicht darüber hinwegtäuschen, dass sie vergänglich und deshalb nicht eigentlich anbetungswürdig sind: Sie vermögen zu lehren, aber nicht zu erlösen.

Die Hoffnung der Menschen richtet sich also auf den Sambhogakaya. Der Gläubige darf aber nicht erwarten, dass er sich durch Erkenntnis und Selbstzucht diesem Leib nähern könne, vielmehr wird die Erlösungsabsicht des transzendenten Buddha vorausgesetzt. Der Mensch muss lediglich seine Ergebenheit bekunden – sei es durch Gebete, Verehrung eines Buddha-Bildes oder Anrufung des Vollendeten –, um die Gnade des Transzendenz-Buddhas zu erfahren. Diese liebende Hingabe, im Hinduismus als *bhakti* bezeichnet, beeinflusste in den ersten Jahrhunderten nach der Zeitenwende alle Erlösungswege, die von indischen Philosophen entwickelt wurden. Der Mensch, der Bhakti übt und in Worten, Gedanken und Taten ein reines Leben führt, wird im Jenseits durch Erleuchtung belohnt. Mit der Überzeugung von der menschlichen Erbärmlichkeit korrespondiert der Glaube an die Übermacht Buddhas. Dies bedeutet eine viel stärkere Abkehr vom Egoismus, als sie im Hinayana je realisiert wurde. Auslöschung

Das buddhistische
Weltenschema:
1 Weltenberg Meru
2 Sieben Ringgebirge
 und Ringozeane
3 Salzozean
4 Randgebirge
5 Kontinent Paravideha
6 Kontinent Jambudvipa,
 die Menschenwelt
7 Kontinent Aparago-
 danya
8 Kontinent Uttarakatu
9 Palast des Brahma
10 Devaloka, die Daseins-
 bereiche der niederen
 Gottheiten und Fabel-
 wesen
11 Rupadhatu, die Him-
 melssphären der rei-
 nen Form
12 Arupadhatu, die
 Sphären der trans-
 zendentalen Formlo-
 sigkeit

des Selbst, das höchste Ziel der Alten Weisheitsschule, wird nun gerade erlangt durch Vertrauen auf das
Göttliche, nicht aber auf die eigene Kraft.

Naturgemäß erfuhr die Erlösungswirksamkeit des
Sambhogakaya eine besonders vielschichtige Auslegung. Der transzendente Leib wurde als Herrscher
über die Buddha-Länder, als *jina* (früher übliche Bezeichnung: *dhyanibuddha*) visualisiert, der den Gläubigen Zugang zu seinem Reich gewährt. Dieses Reich
wird als Zwischenparadies verstanden, aus dem heraus
der Gang hinüber ins Nirvana überhaupt erst möglich
wird. Der stufenweise Aufstieg, wie die alte Lehre ihn
vertrat, nahm damit konzeptuell eine neue Qualität an:
Der Mensch musste nur den Schritt bis zur Pforte des
Buddha-Landes vollziehen, indem er sich einer höheren Barmherzigkeit anempfahl; nach dem Einlass würde
man ihn auf die Erlösung vorbereiten.

Die Buddha-Länder wurden in ihren Qualitäten prä-
zise beschrieben, um den Gläubigen eine Vorstellung
von den Segnungen des Zwischenparadieses zu geben.
Dabei reichen die Beschreibungen von der Beschaffen-

Amitabha, ›der unermess-
lich Glanzvolle‹, einer
der transzendenten
Buddhas, thront mit der
Almosenschale in den
Händen im westlichen
Buddha-Land Sukhavati.
Detail aus einer tibeti-
schen Bildrolle *(thangka)*

heit des Klimas und den Tugenden der Menschen im
Transzendentalreich bis hin zu dem Versprechen, dass
Frauen hier eine Wiedergeburt als Männer erfahren
würden. Diese naive, von den moralischen Werten der
Zeit geprägte Bildwelt verdeutlicht die Ergebenheit
der meisten Mahayana-Buddhisten in das Prinzip des
Göttlichen. Um unterschiedliche Qualitäten zur Geltung bringen zu können, wurden gleich mehrere Buddha-Länder ersonnen, sowohl reine, ungetrübte als
auch unreine, mit Sorgen behaftete, wie etwa das Land
des Buddha Shakyamuni – die Welt, in der wir leben.

Von Bedeutung waren anfangs nur Amitabha im
Reich Sukhavati, der vor allem in Japan und China viele
Verehrer fand (vgl. S. 150), sowie Akshobhya, der Herr
über das Reich Abhirati, denen die Gläubigen Indiens
den höheren Wert beimaßen. Sukhavati wurde im Westen des Buddha-Kosmos platziert, Abhirati im Osten
(der Himmelsrichtung, die indische Geografen oben
auf der Landkarte anordnen). Später, im Tantrismus
(vgl. S. 96ff.), kamen weitere Buddhas hinzu. Jedenfalls
waren die vier Kardinalrichtungen und das Zentrum
besetzt.

Etwa vom 6. Jahrhundert an wurde der im Zentrum
angesiedelte Buddha als Personifizierung des Absoluten, als Adibuddha, betrachtet, sodass auch der bislang nicht wahrnehmbare Dharmakaya (vgl. S. 77)
Gestalt annahm. Anfangs hatte Vairocana diesen Platz
inne – und behielt ihn auch für die Buddhisten Ostasiens –, dann trat für die Gläubigen Indiens Vajrasattva
an seine Stelle, für die Tibets auch Vajradhara und Samanthabhadra.

Eine neue Ausdeutung erfuhren in diesem System
auch die Bodhisattvas. Dank ihrer Weitsicht und
Weisheit galten sie zwar noch, wie einst der historische Buddha, als rechtmäßige ›Anwärter auf die Erwachung‹, doch verzichteten sie auf ihr eigenes Heil,
um dem Wohle aller dienen zu können. Der Wunsch,
in einer späteren Existenz in ein besseres Buddha-

Akshobhya: trägt die Symbole der Festigkeit; als transzendenter Buddha berührt er mit der rechten Hand die Erde, während die linke den *vajra* (Donnerkeil, Symbol des Ewigen) hält; als Herr des Buddha-Landes Abhirati hat er dagegen in der Linken eine Almosenschale, der Vajra ist dann am Thronsockel untergebracht, wo sich auch sein Symboltier (Elefant) befindet; bei polychromer Darstellung ist Akshobhya blau-schwarz

Amitabha: steht für Langlebigkeit; als transzendenter Buddha in Meditationsgeste dargestellt, darin ähnlich dem Bildnis des historischen Buddha, auf farbigen Bildern ist Amitabha rot, Gautama golden; als Herr über das Buddha-Land Sukhavati hält Amitabha die Almosenschale, an seinem Thronsockel befinden sich der Lotos (Reinheit) und das Symboltier (Pfau)

Amoghasiddhi: steht für Ermutigung, deshalb Geste der Schutzverheißung *(abhayamudra)*, eine Hand hält als Attribut den Doppel-Vajra (fehlt auf manchen Abbildungen), Amoghasiddhi steht in Verbindung mit dem Element Wasser und wird oft von einer Schlange (Symbol der Bodenfeuchtigkeit) behütet, sein Reittier ist Garuda, Symbolfarbe Grün

Ratnasambhava: rechte Hand mit der Geste der Barmherzigkeit *(varadamudra)*, die linke hält das Juwel *cintamani,* das alle Wünsche erfüllt, Reittier Pferd, Symbolfarbe Gold

Vairocana: Geste des Lehrens *(dharmachakramudra),* in der Hand die Sonnenscheibe, manchmal mit vier Gesichtern dargestellt (im Zentrum hat er den Blick in alle Himmelsrichtungen und ist damit allwissend), Reittier Löwe, Symbolfarbe Weiß

Vajrasattva und **Vajradhara:** mit fünfzackigem Kopfschmuck dargestellt, die rechte Hand vor der Brust hält den Vajra als Symbol des Ewigen, des Nirvana und des männlichen Prinzips, die linke Hand in Hüfthöhe hält eine Glocke *(ghanta)* als Symbol des Vergänglichen, des Samsara und des weiblichen Prinzips, Symbolfarbe Weiß; Vajradhara trägt die gleichen Attribute, doch hält er die Hände über Kreuz, Symbolfarbe Blauschwarz

Der Bodhisattva Padmapani. Fragment einer Goldbronze, Gyantse, Zentraltibet, 16. Jahrhundert. Der ›Lotoshalter‹, wie der Name Padmapani zu übersetzen ist, steht den Gläubigen mitleidsvoll auf dem Erlösungsweg bei.

Land einzugehen und von dort aus das Nirvana zu erreichen, wurde im Mahayana-Buddhismus noch von dem Ziel übertroffen, ein solcher Bodhisattva zu werden. Auch diese Wesen wurden Buddha-Ländern zugeordnet. Als bedeutendste Bodhisattvas sind Avalokiteshvara und Manjushri zu nennen, von höchster Güte bzw. von besonderer Weisheit erfüllt.

Neue Erlösungswege

Der Glaube an eine Erlösung durch Vertrauen in höhere Mächte schuf einen einfachen Zugang zur buddhistischen Lehre. Aufgehoben war die beschränkende Auffassung, der Heilsweg sei nur ein schmaler Pfad für wenige Auserwählte; dieser ›neue Buddhismus‹ war nun offenkundig ein Großes Fahrzeug für viele Menschen.

Der Grundgedanke des Mahayana, dass die von der Alten Weisheitsschule angestrebte Eigenerlösung kein realistisches Ziel sein könne, der Gläubige vielmehr auf Fremdhilfe vertrauen müsse, wurde durch drei wichtige Überlegungen gerechtfertigt. Erstens hatte sich das Postulat durchgesetzt, dem irdischen sei ein transzendenter Buddha übergeordnet, von dessen Wesen ein Teil in jedem Sterblichen stecke. Damit war jedes Individuum erlösungsträchtig, das Nirvana eine berechtigte Hoffnung. Aus der Verbundenheit der Menschen untereinander ergab sich, zweitens, dass sich das Karman nicht auf gute oder böse Taten einer Einzelperson zurückführen lasse, sondern in vielfältiger Weise mit dem Handeln anderer verbunden und deshalb auch von allen mitzuverantworten sei. Für das Diesseits folgte daraus eine größere Solidarität, für das Jenseits die Möglichkeit, spirituelle Verdienste oder Schulden übertragen zu können. Da die Menschen aber, wie nur zu gut bekannt, eher Lasten zu verteilen haben, wurde, drittens, mit den Bodhisattvas eine erlösende Instanz geschaffen, die den Strebenden mit heilsamem Karman versorgt.

Das Abstreifen von Gier, Hass und Verblendung aus eigener Kraft verlor damit an Bedeutung gegenüber dem Wunsch, mit Hilfe überweltlicher Kräfte die Natur des Buddha – und damit auch dessen Erkenntnisse – in sich aufzuspüren. Diese Perspektive verhalf den Anhängern des Mahayana zu neuem Optimismus, der sich bereits im 1. Jahrhundert v. u. Z. in einer Fülle an Literatur niederschlug. Die Texte werden teils *sutra,* teils *shastra* genannt – ein bedeutender Unterschied, der Aufschluss über das Selbstverständnis der Verfasser gibt.

Ein Sutra enthält angeblich die Originalworte des
Buddha – Lehren, die der historische Meister geheim
halten musste, da seine Zeitgenossen sie nicht verstanden hätten. Andere Sutras werden als Äußerungen
des transzendenten Buddha hingestellt und erhalten
so ihre Unanfechtbarkeit. Ein Shastra dagegen ist an-
erkanntermaßen das Werk eines irdischen, mitunter
sogar eines namentlich bekannten Gelehrten, der ein
Sutra zu interpretieren und damit die wahren Absich-
ten Buddhas zu ergründen sucht.

Ein Begriff, der immer wieder Gegenstand dieser Betrachtungen und Interpretationen war, lautet *prajnaparamita* (wörtlich: ›Weisheit ins Jenseits gelangt‹). Schon
die Mahasanghikas hatten das ›Wissen‹ *(jnana)* der
Alten Schule durch ›Weisheit‹ *(prajna)* ersetzt. Wissen
bedeutet, sich zwischen richtig und falsch, Ja und Nein
zu entscheiden und mit Begriffen des Weltlichen zu
arbeiten. Für die Anhänger des Mahayana steckt darin
aber nur ein Teil der Wirklichkeit. Weisheit dagegen
erachten sie als etwas Überrationales, mit Mitteln des
Geistes nicht Greifbares oder Erfüllbares, einen vollendeten Zustand, der die Berührung mit dem Nirvana
erlaubt. Diese Weisheit, die unbewusst in jedem von
uns schlummert, lässt sich nur schwer mit irgendeiner
Methodik ans Licht fördern, jedoch durch rituelle
Handlungen ins Zentrum der Betrachtung rücken. So
entstand ein Kult um die später zum weiblichen Bodhisattva personifizierte Prajnaparamita, die den Leiden-

Prajnaparamita. Rücken-
deckel eines Palmblatt-
manuskripts aus dem
letzten Viertel des 11.
Jahrhunderts, im Zentrum
der vierarmige weibliche
Bodhisattva Prajnapara-
mita (Transzendente
Weisheit) mit Adoranten

Mahayana – die Große Überfahrt

> »Da gibt es nichts zu verstehen, gar nichts zu verstehen.
> Denn da ist nichts verkündet, nichts dargelegt.«
> *Astasahasrika Prajnaparamita,*
> zweites Paradoxon über den Inhalt der Lehre Buddhas;
> »nichts« steht als Synonym für die Leerheit

den zur Erlösung verhilft. Es gilt, die Prajna in uns zu erkennen, sie vom Ballast des Weltlichen zu befreien und ihr so den Zugang zum Jenseits zu öffnen. Dies ist die philosophische Vorstufe für den später ausgebildeten Buddhismus des Glaubens (s. S. 76ff.).

Ein weiterer Kernbegriff des Mahayana, *shunyata* (›Leerheit‹), bezieht sich zunächst auf die Erkenntnis der frühen Lehre, dass es kein Ich (nach traditionellem Verständnis) gebe. Die Welt ist leer, ohne Substanz. Buddha, der dies feststellte, wollte damit bekunden, dass wir unser Leben an Illusionen heften und uns von ihnen zu unheilsamem Handeln verleiten lassen. Leer bedeutet zugleich leidhaft und vergänglich – eine negative Ausdeutung, die vom Mahayana nicht ganz geteilt wird. Leerheit, die Substantivierung des alten Begriffes, eröffnet dem Großen Fahrzeug vielmehr eine neue Perspektive, indem sie auf die Wesensgleichheit von Subjekt und Objekt, Lebewesen und Gegenstand, ja sogar Samsara und Nirvana verweist. Das Verständnis eben dieser Klammer, das Erkennen des Selbst als Leerheit, bringt die Erlösung, denn die Leere ist identisch mit dem sprachlich nicht fassbaren Absoluten.

Die Frage, ob die von Leerheit erfüllte Welt Realität oder Täuschung sei, findet nach all diesen Überlegungen eine faszinierende Antwort, die auch für Denkmodelle der Gegenwart einen Prüfstein setzt. Wir wissen, dass die Fata Morgana nur ein Trugbild ist, dem der Durstige nachjagt, bis er vor Ermattung stirbt. Eine falsche Optik täuscht ihn und treibt ihn in den Tod. Doch woraus schließen wir, dass andere Dinge real(er) sind? Letztlich beruht alles Urteil nur auf weiteren Sinneseindrücken – Fühlen, Schmecken, Hören und Riechen –,

Dass die Leerheit nicht etwa ein Nichts ist, wird durch eine praktische Anwendung verständlich: Die Einführung der Null in der Mathematik, die fälschlicherweise den Arabern zugeschrieben wird, geht auf das Alte Indien zurück und entstand in engem Zusammenhang mit der mahayanischen Formel der Leerheit. Sie wird hier zu einem hohen Wert, der sich Addition, Subtraktion, Multiplikation und Division widersetzt und doch über Gewinn und Verlust entscheidet.

die wir ebenso anzweifeln könnten. Auch das vielbeschworene ›Kriterium der Praxis‹ wäre nach dem Verständnis des Mahayana bloße Illusion. Umgekehrt ist das Mahayana deshalb bemüht, sich aller Ausschließungen zu enthalten und die Mitte zwischen real und irreal zu finden: Ein Traum ist Wirklichkeit, solange man schläft, eine Wirklichkeit Traum, solange man lebt.

Die Mahayana-Schule, die sich besonders intensiv mit der Prajnaparamita beschäftigt hat, wird Madhyamika genannt. Madhyama (›mittel‹) bezieht sich auf eben jenen Mittelweg zwischen Sein und Nichtsein. Wer feststellen meint, dass etwas existiere, schreibe diesem Ding oder Wesen Ewigkeit und Unzerstörbarkeit zu, so argumentieren die Madhyamikas, doch sei dies ebenso falsch wie die gegenteilige Behauptung. Die Wahrheit, letztlich das von Buddha formulierte Bedingte Entstehen (vgl. S. 36f.) und damit die Leerheit, liege in der Mitte, deshalb müsse Feststellung ebenso vermieden werden wie Verwerfung. In der Leerheit gebe es keinen Unterschied zwischen Ja und Nein, so könne nur derjenige zur Erlösung gelangen, der den Mittelweg finde.

Der Höhepunkt dieser Philosophie wurde um 200 u. Z. mit dem südindischen Denker Nagarjuna erreicht. Dieser Brahmanensohn hatte im berühmten Kloster Nalanda studiert und war später als Lehrer in Nagarjunikonda und Amaravati tätig. Wie so viele andere berief auch er sich darauf, im Besitz der Originalworte Buddhas zu sein. Als der Meister mit seiner Rede in Sarnath das Rad der Lehre andrehte, habe er gleichzeitig eine höhere Lehre in der himmlischen Sphäre hinterlassen. Diese sei von Schlangen *(nagas)* in einer Höhle behütet worden, bis Nagarjuna sie dort, in Form eines schriftlichen Nachlasses, entdeckte.

Nagarjunas Neue Schule der Weisheit beharrt darauf, dass alle Wissenssätze der Menschen unwahr sind, ja es sein müssen und nur beweisen können, dass wir unwissend sind. Auch der Gedanke an eine Buddha-Natur in uns wird von ihm nicht (explizit) anerkannt. Erlösung bestehe darin, die höhere Wahrheit zu erkennen, dass alle Dinge und Begriffe leer sind, d. h. weder seiend noch nichtseiend. Neben dieser höheren Wahrheit gebe es eine konventionelle, begrenzt gültige Wahrheit, mit der die Phänomene unseres Daseins zu erklären seien, also auch die Existenz des letztlich ebenfalls leeren Buddha. Doch sei die eine Wahrheit ohne die andere nicht denkbar, schon deshalb, weil die begrenzte Wahrheit der irdischen Phänomene es erst ermögliche, die höhere Wahrheit zu erkennen.

Die Frage nach richtig oder falsch ist daher für Nagarjuna kein Gegensatzpaar, sondern nur ein Ausdruck für die unterschiedlichen Perspektiven der Betrachter. Dies erklärt die vielen paradox erscheinenden Äußerungen in seinem Werk. Aus der Warte des Erlösten konnte Nagarjuna letztlich nur Unsagbarkeit konstatieren.

»Auf dieser südlichen Seite [des Klosters Nalanda] befindet sich eine stehende Figur des Bodhisattva Avalokiteshvara. Manchmal sieht man ihn, mit einer Schale Duftessenzen in der Hand, zum Vihara gehen und es rechtsherum umwandeln. Im Süden der Statue erhebt sich ein Stupa, errichtet über Haaren und Nägeln des Buddha, die er sich über einen Zeitraum von drei Monaten abschnitt. Menschen, die von schwerer Krankheit befallen sind und herkommen, um den Stupa andächtig zu umschreiten, werden zumeist geheilt. (…) Innerhalb der Mauern befindet sich ein ungewöhnlicher Baum, etwa acht oder neun Fuß hoch, mit einem geteilten Stamm. Als der Tathagata einst auf dieser Erde weilte, warf er hier seinen Zahnstocher zu Boden, wo dieser Wurzeln schlug. Auch wenn seither viele Monate und Jahre vergangen sind, ist der Baum weder gewachsen noch geschrumpft«

aus dem Bericht des chinesischen Pilgers Xuan-zang (7. Jahrhundert)

Deutlich zeichnen sich in den Ruinen der buddhistischen Klosteruniversität von Nalanda im nordindischen Bihar, wo Nagarjuna studierte, Zentralhöfe und Mönchszellen ab. Angeblich wurde Nalanda um 440 u. Z. unter den Guptas gegründet und beherbergte zeitweise bis zu 10 000 Mönche und Schüler. Der berühmte chinesische Pilger Xuanzang (vgl. Abb. S. 77) ließ sich hier während des 7. Jahrhunderts fünf Jahre lang unterrichten.

Im 5. Jahrhundert kam es zur Spaltung der Madhyamika-Schule. Für die so genannten Prasangikas war Nagarjunas Lehre einzig darauf ausgerichtet, die Standpunkte anderer zu widerlegen; die Svatantrikas dagegen erkannten verwertbare Lehrsätze, die sich aus der negativen Beweisführung ergaben. Um 1000 verschwand die Madhyamika-Lehre aus Indien, sie nahm aber Einfluss auf Tibet und hinterließ einen Ableger in China, der Wirkung auf große Teile Ostasiens ausübte.

Neben der Lehre von der Leerheit und dem daraus entwickelten Heilsweg und dem ›Buddhismus des Glaubens‹ bleibt noch eine weitere Mahayana-Schule zu nennen. Sie trifft als einzige eine positive Aussage darüber, was die Welt, das Nirvana und das Absolute seien: »nur Geist« *(chitta).* Dagegen erklären die anderen Lehren lediglich, was man sich unter diesen Begriffen nicht vorzustellen habe. ›Nur Geist‹ bedeutet, dass nichts objektiv existiert, sondern alles nur Imagination ist. Von dieser Auslegung des Kosmos stammt einer der Namen der Schule, Chittamatra. Ein anderer Name, Vijnanavada (›Bewusstseinslehre‹), bezieht sich darauf, dass für die Anhänger die Welt erst durch das Bewusstsein existent wird und dass für sie das Leid nur durch Aufheben des Bewusstseins zu beenden ist. In solchen Gedanken offenbart sich die Konsequenz der frühbuddhistischen Idee , wonach der Mensch Trugschlüssen erliegt.

Die literarischen Quellen des Vijnanavada reichen bis ins 1. Jahrhundert u. Z. zurück, doch war die Lehre erst 300 Jahre später voll entwickelt. Die erhaltenen Texte erscheinen zum Teil recht konfus, möglicherweise handelt es sich um unzulängliche Abschriften. Schon deshalb lässt sich das ohnehin sehr komplizierte System des Vijnanavada nicht bis ins letzte Detail erklären.

Die Grundzüge der Lehre besagen, das Absolute sei Geist in reiner Form, der durch Karman in seiner Bewegungslosigkeit gestört und dazu angeregt werde, die Fiktion einer Person zu schaffen. Diese gedachte Person stelle sich die real nicht existierende Objektwelt nur vor, schaffe zugleich aber neues Karman, das zu weiteren Imaginationen führe. Die Welt, derjenige, der sie erträumt, und schließlich auch der Träumer des Träumers sind demnach nichts als Traum. Zur Erlösung aus dem ewigen Traum führt die Erkenntnis, dass alles nur Geist sei. Weil es kein Individuum gebe, das dies erkennen könne, müsse ein solcher Akt im Absoluten stattfinden, das dann aufhören werde, Personen und Objekte zu imaginieren.

Von der Maxime des frühen Buddhismus, über die Beschaffenheit des Kosmos nicht weiter nachzusinnen, sind diese Überlegungen bereits sehr weit entfernt. Es bleibt zu ergänzen, dass mit dem Vijnanavada auch Askese, Magie und Trance wieder zu einer zentralen

Bedeutung für den Heilsweg gelangten. Da nach diesem Ansatz nämlich die Methoden unseres Denkens nicht geeignet sind, sich dem absoluten Geist zu nähern, soll Trance die Welt der Erscheinungen zum Verschwinden bringen und an ihre Stelle Halluzinationen setzen. Hierin wurde ein Schritt auf dem Weg zum reinen Geist gesehen. Von dieser Praxis rührt die dritte Bezeichnung für die Schule, die auf das Prinzip »nur Geist« setzte, nämlich Yogacara (›Wandel im Yoga‹). Auch das Yogacara war um die Wende zum 11. Jahrhundert aus Indien verschwunden, hinterließ aber Spuren im Hinduismus und vor allem im tibetischen Buddhismus (vgl. S. 114ff.).

Mahayana heute

Das Mahayana bietet also nicht nur der gesamten Menschheit Erlösung an, es präsentiert auch mehrere Heilswege, die von der einfachen Anbetung bis hin zur anspruchsvollen Philosophie und zur aktiven Tugend-übung reichen. So konnten sich die unterschiedlichsten Personen von der Lehre angesprochen fühlen. Grund-legend ist dem Großen Fahrzeug das Gemeinschafts-empfinden, das zwar auch im Hinayana bekannt ist, dort aber weitgehend auf das Klosterleben beschränkt bleibt. Die Geborgenheit, die sie gibt, und die Herzenswärme, die sie spendet, verhalf der Religion, die ihre gültige Gestalt etwa im 5. Jahrhundert annahm, zur Ausbreitung über große Teile Asiens.

Die Barmherzigkeit der Bodhisattvas

Als Buddha nach der Erwachung unter dem Bo-Baum weilte, musste er sich der Versuchung des Dämonen Mara stellen: Sollte er sogleich ins Nirvana eingehen oder zuvor noch den Menschen seine Lehre verkünden und ihnen damit die Möglichkeit geben, seinem Weg zu folgen? Aus Barmherzigkeit entschloss er sich, das Rad der Lehre anzudrehen. Sobald aber der Mittlere Pfad einmal bekanntgemacht war, bedurfte es keines Meisters mehr. Insofern war die Erwachung Gautamas ein einzigartiges Ereignis. Wer fortan das Ziel Buddhas anstrebte, wurde nicht mehr vor die Entscheidung gestellt, ob er zum Wohle anderer Verzicht üben sollte. Dennoch begegneten die Mönche des Hinayana immer wieder dem Vorwurf der Selbstsucht. Denn ihr Streben nach Erwachung erschien egoistisch und überheblich.

Wer einmal ein Hinayana-Kloster besucht hat, wird bestätigen können, dass viele Mönche den in der Lehre angelegten Konflikt offensichtlich nicht bewältigen. Sie wirken zwar vordergründig milde und heiter, scheinen aber ihrem einzigen Lebensziel so stark verhaftet, dass sie kaum noch etwas mit anderen Menschen verbindet. In dieser Abgrenzung verbirgt sich eine Fixierung auf das Selbst, also ein Verstoß gegen die Grundfesten der Lehre.

Das Mahayana, die Erlösung vieler Menschen anstrebend, entwickelte

Buddhistische Gläubige, die sich nach der barmherzigen Hand eines Bodhisattva sehnen. Detail aus einer tibetischen Thangka des 19. Jahrhunderts

deshalb ein anderes Ideal, das des Bodhisattva. Dieses ›Erwachungswesen‹ lehrt nicht, sondern leistet den Menschen praktische Hilfestellung. Um seine Aufgabe erfüllen zu können, muss der Bodhisattva auf das Nirvana verzichten – ein größeres Geschenk an andere ist aus buddhistischer Sicht nicht möglich. Es ist die höchste Stufe der Ablösung vom Eigeninteresse, insofern also ein markanterer Sieg über weltliche Bindungen, als ihn der einzelgängerische Arhat je leisten könnte. So erklärt sich auch, dass im Mahayana das Verlangen nach dem Nirvana hinter das Bemühen zurücktrat, selbst ein Bodhisattva zu werden.

Die Gläubigen sollten methodisch, in einer Art Schulung, zum Bodhisattva befördert werden. Mühsam ist aber der Aufstieg dorthin. Er erfolgt in Stufen, die sich z. B. im Aufriss des berühmten Borobudur auf Java architektonisch versinnbildlichen. In der spirituellen Aufwärtsbewegung gilt es, sechs (nach späterer Theorie zehn) Tugenden zu entwickeln, diese sind: Freigebigkeit, Selbstzucht, Geduld, Willensstärke, Meditation und Weisheit.

Es mutet merkwürdig an, dass ein Mensch überhaupt einen solchen Weg wählen sollte. Zum einen führt er in jenseitige Sphären, zum anderen bedeutet er Mühe und Leid mit dem einzigen Ziel, anderen zu helfen. Der erste Punkt wird vor dem Hintergrund der schon erwähnten Dreikörperlehre (vgl. S. 77f.) verständlich. Ein Bodhisattva ist zunächst nur ein Mensch, der Erwachung anstrebt, diesen Weg aber aus grenzenloser Nächstenliebe heraus nicht bis zum Ende verfolgt.

Erst auf höherer Stufe, in einem Zwischenparadies, das der tugendhafte Mensch nach dem Tod erreichen kann, existieren transzendente Bodhisattvas. Diese bereits vollendeten Wesen besitzen übernatürliche Fähigkeiten, die sie einsetzen, um zwischen den transzendenten Buddhas und der irdischen Welt zu vermitteln und Lasten eines schlechten Karman zu beseitigen. Auch die Transzendental-Buddhas verzichten noch auf das Erlöschen.

Wie aber ist nun eine so starke Menschenliebe zu erklären, die ja, da sie Verzicht auf das Nirvana bedeutet, dem Bodhisattva Leid bringt? Die Erklärung liegt darin, dass im Mahayana alle Wesen als eins verstanden werden, der Nächste also mit dem Bodhisattva identisch ist. Einen anderen zu lieben kann für den Bodhisattva deshalb nie Selbstaufgabe bedeuten. Des weiteren ist das buddhistische Leidverständnis zu berücksichtigen. Aus Gier, Hass und Verblendung lassen die Menschen sich dazu verleiten, ihre Genusssucht zu befriedigen, und schaffen damit das Leid der Wiedergeburt. Die Bodhisattvas dagegen ertragen Leid, weil sie nur so andere (damit auch sich) von den Grundübeln befreien können.

Aus buddhistischen Quellen sind etwa 200 transzendente Bodhisattvas bekannt, deren wichtigste je einem Buddha-Land zugeordnet wurden. Zum Buddha Vairocana gehört der Bodhisattva Samanthabhadra, zu Akshobya der Vajrapani, zu Ratnasambhava der Ratnapani, zu Amitabha der Avalokiteshvara, zu Amoghasiddhi der Vishvapani. Später kamen als bedeutende Bodhisattvas Manjushri und Maitreya hinzu, ab dem 6. Jahrhundert dann auch weibliche Verkörperungen, darunter die Grüne Tara als Beschützerin vor Gefahren, die Weiße Tara als Erlösungshelferin und Prajnaparamita als Hüterin der Weisheit.

Mahayana – die Große Überfahrt

Im 9. Jahrhundert übertraf die Zahl der Mahayana-Anhänger in Indien erstmals diejenige der Hinayana-Gläubigen. Bald darauf jedoch verlor der Buddhismus in seinem Ursprungsland an Bedeutung. Philosophie und Kultus hatten sich dem Hinduismus so weit angenähert, dass oft nur noch geringfügige Unterschiede auszumachen waren. Der Hinduismus setzte sich als Religion mit den älteren Wurzeln durch. Zwischen dem 11. und 13. Jahrhundert wurden die letzten buddhistischen Klöster, jene in Bihar und Bengalen, aufgegeben und nicht etwa – wie es zumeist dargestellt wird – von den islamischen Eroberern zerstört.

Doch längst war der Mahayana-Buddhismus nach Tibet, China und von dort über Korea nach Japan gelangt. Wir sprechen über diese bedeutende Entwicklung gesondert in zwei anderen Kapiteln (vgl. S. 114ff.; S. 136ff.). Neben den genannten Ländern sind es Nepal, Bhutan und Taiwan, in denen unterschiedliche Formen des Mahayana erhalten blieben. In Nepal

Gelände des Somapura Vihara in Paharpur, Bangladesh, 8. Jahrhundert. Im Zentrum des Klosterhofs mit Wasserreservoir erhebt sich das Haupttheiligtum.

Aus Nepal stammen die meisten uns erhaltenen Mahayana-Texte in Sanskrit. Dort, wo einst der historische Buddha geboren wurde, pflegte man besonders intensiv die Tradition des Kopierens von Palmblättern. Die begrenzte Haltbarkeit des Materials machte es erforderlich, die heiligen Texte wieder und wieder abzuschreiben.

haben wir es heute allerdings mit einer Mischform von Buddhismus und Hinduismus zu tun, der sich der Großteil der Bevölkerung verpflichtet fühlt, in Bhutan mit einer lamaistischen Variante des tantrischen Buddhismus, wie sie Tibet beispielhafter verkörpert, und im konfuzianisch geprägten Taiwan mit einer von Riten und Aberglauben beherrschten Volksreligion, in der auch der Buddhismus nachhallt.

Vietnam bietet eines der wenigen Beispiele für eine Einbindung des Mahayana in das moderne politische Geschehen. Jene Einheit Vietnams, wie sie gegenwärtig besteht, ist geschichtlich nicht prädestiniert. Nam Viet (›Land des Südens‹), das Kerngebiet des vietnamesischen Volkes im Norden des heutigen Staates, war vom 2. Jahrhundert v. u. Z. bis zum 10. Jahrhundert u. Z. eine chinesische Provinz und zeitweilig als Annam bekannt. Der kulturelle Einfluss Chinas schlug sich hier deutlich nieder, wobei die Inspiration zu buddhistischen Klöstern und Tempeln (seit dem 2. Jahrhundert u. Z.) auch auf Indien zurückgeht. Um 580 entstand in dieser Provinz ein erster Ableger des chinesischen Chan-Buddhismus (hier Thien genannt; vgl. S. 135ff.), ein weiterer folgte 820. Daneben gab es noch andere Mahayana-Schulen nach chinesischem Vorbild.

Als nach vielen Fehlschlägen 938 die Befreiung von China gelang, zeigten die Vietnamesen ihrerseits Expansionsbestrebungen. Das indisierte, hinduistische Volk der Cham geriet zwischen die Fronten der Khmer und der Vietnamesen, musste die Hauptstadt seines Reiches Champa nach Süden verlagern und wurde 1471 dort endgültig geschlagen.

Zwischenzeitlich, von 1407 bis 1428, war der Norden ein weiteres Mal von Chinesen besetzt worden, nun von Truppen der Ming-Kaiser, die auch hier, wie in ihrer Heimat, gegen den Buddhismus vorgingen. Nachdem bereits im 12. Jahrhundert der Daoismus Einfluss auf den Norden Vietnams genommen hatte, wechselten dort die Herrscher nach Vertreibung der Chinesen zum Konfuzianismus und leiteten Buddhisten-Verfolgungen ein. Im 16. Jahrhundert – Vietnam war nun erneut in zwei verfeindete Lager im Norden und im Süden gespalten – kam es wieder zur Förderung des Buddhismus, der nach Vereinigung der beiden Landesteile (1802) weiteren Auftrieb erhielt.

Der Süden, über Jahrhunderte Zankapfel von Khmer und Vietnamesen, blieb allerdings eine anfällige Region und wurde ab 1857 leichte Beute der Franzosen. Ihre Kolonie Cochinchina (das spätere Südvietnam) konnten sie später um die Protektorate Annam und Tongking (Nordvietnam) erweitern. Die Europäisierung schwächte den Buddhismus, vor allem im Süden, wo zumindest die Oberschicht unter den Einfluss christlicher Missionare geriet. Eine buddhistische Reformbewegung bildete sich ab 1920, sie wurde auch in Vietnam treibende Kraft gegen die Fremdherrschaft und für soziale Neuerungen.

Im Zweiten Weltkrieg schloss sich ein Teil dieser aufstrebenden Buddhisten den japanischen Besatzern an, während andere das größere Vertrauen in die kommunistischen Viet Minh setzten. Diese Spaltung der Buddhisten wurde durch den ersten Indochinakrieg (1946–1954) und die anschließende Teilung des Landes in Nord und Süd noch verschärft. Ein Konsens entstand erst wieder, als im Süden unter der Diktatur der Brüder Ngo der Katholizismus propagiert wurde und den buddhistischen Klöstern so wichtige Geldgeber verlorengingen. Die Buddhisten bildeten nun – neben der Regierung einerseits und der Vereinigung aus Viet Minh und südvietnamesischen Rebellen (Viet Cong) anderseits – eine dritte Kraft. Ihre Haltung trug dazu bei, dass die Diktatoren um ihren Stand bangen mussten und Hilfe bei den USA suchten. Im Juni 1963 setzte ein fast 80-jähriger Mönch mit seiner Selbstverbrennung ein weltweit beachtetes Zeichen für die Missstände in Südvietnam. Als der zweite Indochinakrieg (ab 1964) 1975 mit dem Sieg der Kommunisten über die letzte Bastion Saigon

Selbstverbrennung eines 80-jährigen buddhistischen Mönchs im Juni 1963 aus Protest gegen die Missstände im Süden Vietnams

endete, begann für die Buddhisten erneut eine Zeit der Repressalien. Denn sie hatten zuvor keine entschiedene Position für die Linke bezogen und blieben als Machtfaktor gefürchtet. Erst 1987 wurde den Buddhisten die Wiedereröffnung ihrer Klöster und Tempel gestattet. Um 1999 setzte in Vietnam ein Tourismus-Boom ein, der auf Pflege der verbliebenen Denkmäler hoffen lässt.

Neben den großen Gemeinden in den aufgeführten Ländern existieren Mahayana-buddhistische Minderheiten in Singapur, Brunei und Malaysia. Überwiegend handelt es sich um chinesische Gläubige, die zugleich großen Anteil an der wirtschaftlichen Macht haben. Eine staatliche Förderung, wie sie z. B. der Theravada-Buddhismus auf Sri Lanka verzeichnet, genießt das Mahayana allerdings nirgends, und so sind schon seit dem 15. Jahrhundert keine herausragenden Kultstätten des Großen Fahrzeugs mehr entstanden.

Volksmagische Grundlagen

Buddha hatte prophezeit, seine Lehre werde innerhalb von fünf Jahrhunderten nach seinem Tod erloschen sein. Diese Zeitspanne war längst überschritten, als der Buddhismus in seinen tantrischen Formen mit ungebrochener Kraft neue Anschauungen entwarf. Die ersten erhaltenen tantrischen Schriften des Buddhismus stammen aus dem 3. Jahrhundert u. Z., doch muss es schon einige Jahrhunderte zuvor Grundlagentexte gegeben haben. Sie geben Einblick in ein offenes, nuancenreiches System, in dem mannigfaltige Einflüsse aus dem Volksglauben erkennbar werden.

Der Buddhismus war nunmehr zu einem riesigen Gebäude an Philosophien und rituellen Praktiken herangewachsen. An seiner Spitze stand die frühe Lehre, deren gedankliche Einheiten immer noch Gültigkeit besaßen, auch wenn viele Begriffe jetzt anders interpretiert wurden. Die Basis hatte dank der Toleranz des Buddhismus eine unüberschaubare Breite angenommen. Tantra war eine Bewegung, die sich von der Basis, dem Volksdenken aus nach oben entfaltete und damit den Buddhismus stärkte. Schon aus diesem Grund ist das im Westen verbreitete Urteil abzulehnen, wonach sich im Tantra nur Dekadenz widerspiegele. »Wein und Weiber im Namen der Religion«, spotteten puritanische Kreise in Europa, doch dieser Schluss beachtet weder die geschichtliche Entwicklung des Buddhismus noch die Vielfalt tantrischer Praktiken und Schulen.

Die volksmagischen Grundlagen der buddhistischen Lehre reichen bis in die Zeit Siddharta Gautamas zurück. Wir erinnern uns an Buddhas Schüler Maudgalyayana (vgl. S. 26), der durch geistige Versenkung ungewöhnliche physische und parapsychische Fähigkeiten *(siddhi)* erlangte. Solche Siddhis wurden später detailliert aufgelistet und als hohe Ziele definiert: Der Meister der Meditation beherrscht die Naturkräfte, er kann wilde Tiere zähmen, Seuchen eindämmen, Tote zum Leben erwecken, auf dem Wasser wandeln, Größe

Tibetischer Lama, angetan mit einer Knochenschürze, gefertigt aus menschlichem Gebein, in der rechten Hand der Donnerkeil Vajra, in der linken eine Sanduhrtrommel, Symbol für den Ruf der Lehre. Historische, kolorierte Fotografie aus dem frühen 20. Jahrhundert

und Gestalt seines Körpers nach Belieben verändern, über weite Entfernungen hören und sehen, Gedanken lesen oder die Zukunft deuten. Diese Wundertaten sollten nicht Selbstzweck sein, sondern dem höchsten Ziel, der Erlösung, dienen. Dennoch offenbaren sie, welche Ansprüche das Volk an die Religion und ihre Leitfiguren stellte.

Dem Zeitgeist und der Landestradition entsprechend versuchte man, okkulte Fähigkeiten nicht nur auf dem mühsamen Weg der Meditation und Körperschulung zu erlangen, sondern auch durch magische Handlungen. Die begriffliche Unterscheidung ist allerdings problematisch, denn auch die Praxis der Versenkung enthält magische Elemente: Konsequent betriebene Atemübungen erlauben Kontrolle über vermeintlich unwillkürliche Körperfunktionen (vgl. S. 46f.). Aus solchen Erfahrungen heraus entwickelten indische Denker sogar Zaubermittel, um in Kontakt mit dem Göttlichen zu treten.

Auch hier ist wieder auf Parallelen zwischen den antiken Kulturen des Westens und des Ostens zu verweisen, und es sollte dabei nicht immer auf Einflussnahme geschlossen werden. Vielfach dürften die Übereinstimmungen auf identische spirituelle Erfahrungen zurückgehen, die im Volksglauben verankert sind. Der Guru, der indische Lehrmeister, pflegte den Schüler bei der Initiation mit Wasser zu besprengen – eine Parallele

Darstellungen zweier Magier und Mystiker *(mahasiddha)* des späten indischen Buddhismus, die vermittels tantrischer Kultpraktiken nach Erlösung streben. Details von Wandmalereien aus dem Manjushri-Heiligtum im Kloster Alchi, Ladakh (Nordindien), 11./12. Jahrhundert

Amulett (Rad der Lehre) mit eingelegten Türkisen. Dem im Himalaya sehr beliebten Türkis werden dämonenabwehrende Kräfte zugeschrieben. Tibetisches Schmuckstück aus der Mitte des 20. Jahrhunderts

zur christlichen Taufe. Hier wie dort wurden magische Formeln entwickelt, um böse Kräfte abzuwehren. Allerdings haben die Religionen Indiens, namentlich der Buddhismus, ausgefeiltere Methoden der Rezitation solcher Formeln entwickelt als das Abendland. Ein kompliziertes System von Zaubersprüchen *(mantra)* dient dem direkten Kontakt zur Ebene des Göttlichen. Rituelle Tänze und Handbewegungen *(mudra)* erfüllen ähnliche Aufgaben.

All dies kann als bloßer Aberglaube erscheinen, wenn man es aus seinem Kontext reißt, doch soll, um so die Identität allen Daseins aufzuspüren, hinter der Bildhaftigkeit die Leere des Göttlichen und der Erscheinungswelt entdeckt werden. Gottheiten sind nicht, sie werden erst durch den Menschen erschaffen, auch in Bildnissen, die ein Künstler nach den tradierten Texten fertigt. Keine andere Religion der Welt hat eine solch weite Brücke zwischen dem einfachen Volksglauben und den Theorien seiner Philosophen schlagen können.

Ähnliches gilt für den sinnlich-erotischen Bereich des Tantrismus. Grundbedürfnisse des Menschen sind hier verknüpft mit Natur- und Fruchtbarkeitskulten der Frühzeit, diese wiederum eingebunden in literarische Traditionen eines erotischen Mystizismus. Das vorgeschichtliche Ritual um eine Muttergottheit verbindet sich im Tantrismus mit einer Lehre, die Weltentsagung ursprünglich auch darin suchte, dass sie sich vom Geschlechtlichen lossagte. Die widersprüchliche Synthese erweist sich als ein Gefüge, das noch in der Neuzeit Massen zu faszinieren vermag.

Tantra im Hinduismus

Ein schlichtes Dorf im Herzen Indiens, Hunderte Kilometer von der nächsten Großstadt entfernt, besitzt seit Jahrzehnten einen Flughafen – ein Kuriosum, das dem modernen Tourismus zu verdanken ist. Das Dorf heißt Khajuraho und ist bekannt für eine Tempelgruppe, die vor allem ihrer überragenden Plastik wegen besucht

Shiva und Parvati, zwischen dem göttlichen Ehepaar das Kind Skanda. Blei-Zinn-Bronze-Skulptur des 12. Jahrhunderts aus Südindien. Shiva trägt als Haartracht die typische Flechtenkrone, die beiden unteren Hände werden in schutz- bzw. wunschgewährender Geste dargeboten. Zum Schmuck des Gottes gehört auch die sich von der linken Schulter zum kurzen Hüfttuch herabziehende Brahmanenschnur. Parvati (auch: Uma) hat das Haar zu einer so genannten Korbkrone aufgetürmt, trägt ein längeres Hüfttuch und sitzt wie ihr Göttergatte bequem in *lalitasana* (vgl. S. 180).

wird. An den Tempelwänden entdecken die Angereisten *maithunas,* Liebende in körperlicher Vereinigung, darunter ganze Gruppen von Frauen und Männern, vertieft in konventionelle wie auch ausgefallene sexuelle Praktiken. Nach der ersten genüsslichen Rezeption macht sich Ratlosigkeit breit: In welchem Zusammenhang stehen diese Darstellungen mit dem Zweck der Bauwerke?

Die Verwirrung wird von den meisten Indern heute geteilt, denn jene tantrische Form des Hinduismus, die in Khajuraho verbreitet war, wurde von den indo-islamischen Herrschern und später auch von den Briten bekämpft. So überlebten nur gemäßigte Lehren, vor allem die Gedanken und Praktiken der ›Rechten Hand‹. Den Anhängern dieser Variante des Tantra, vorwiegend Angehörige der Oberschicht, galt das männliche Prinzip des Göttlichen als entscheidendes Merkmal. Menschliche Begierden suchten sie zu sublimieren.

Stärkere Beachtung fanden bei Kritikern wie Verfechtern des Tantrismus die Glaubenssysteme der ›Linken Hand‹. Bei diesen Schulen stand das weibliche Prinzip *(shakti)* im Zentrum der Verehrung. Es gilt als schöpferische Kraft des Gottes und verleiht ihm Energie. In Plastik und Malerei wird Shakti als Gattin oder Gefährtin an der Seite des Gottes oder in geschlechtlicher

> »Das Leben wird gewollt oder ungewollt durch den Liebesdrang endlos weitergezeugt, und so haben einige Kulturgemeinschaften des Ostens und des Westens zeitweise sinnliches Begehren und seine Aufstachelung durch weibliche Reize unverhüllt ausgelebt und in der Freude an der Entblößung einen Naturtrieb zur Kunst gesteigert: am Hindu-Tempel und in den Rock- und Pop-Generationen. Antithesen fanden zwischenzeitlich oder gleichzeitig in Heuchelei und Prüderie oder in der Erkenntnis einer *coincidentia oppositorum* Ausdruck: von Liebe und Tod, von Leben und Vergehen und neuem Entstehen, von der Entfesselung der Geschlechtlichkeit als Ursache für eine neue Gebundenheit.«
>
> Klaus Fischer, *Erotik und Askese in Kult und Kunst der Inder*

Vereinigung mit ihm dargestellt. Das beliebteste Götterpaar im tantrischen Hinduismus sind Shiva und Parvati. Bei den Anhängern der Linken Hand nehmen beide Gottheiten oft furchterregende Züge an, um den potentiellen Schrecken jener Energien aufzuzeigen, die erst im Sexualakt zu Fassung und Ordnung gelangen.

Was aber ist Tantra eigentlich? Der Begriff hat mehrere Bedeutungen, eine davon lautet ›Schriften‹, eine andere ›Leitfaden‹. In der Regel handelt es sich um komplizierte, mitunter sogar bewusst irreführende Texte von stark ausgeprägter Symbolik. Sie enthalten ein Geheimwissen, das mehrere Jahrhunderte lang nur mündlich tradiert wurde. Die Buddhisten, die an dieses Wissen anknüpfen, behaupten, diese Texte seien von Buddhas Jüngern vergraben worden. Wie auch immer: Vom 5. Jahrhundert an gibt es Textfassungen der Tantras. Ihr Inhalt ist nicht als eine geschlossene Lehre zu verstehen, vielmehr werden hier Methoden erörtert, mit denen sich der Mensch dem Göttlichen zu nähern vermag. Da die Tantras sich in ihrer Hermetik dem gewöhnlichen Leser nicht erschließen, musste die Einweisung des Adepten durch einen Lehrer erfolgen. Die Schüler trafen sich in Zirkeln, um nach ihrer Initiation jenen tantrischen Übungen nachzugehen, die von späteren Generationen so sehr verabscheut wurden.

Der Gedanke an ein Geheimwissen erinnert an die vedische Religion und den Brahmanismus, wo Priester als strenge Hüter über Opfer- und Zauberformeln fungierten und diese nur auserlesenen Schülern anvertrauten (vgl. S. 28). Mit den Tantras wurde die gleiche Methode offenbar gegen die herrschenden Schichten gekehrt: Die Unterprivilegierten, jahrhundertelang von den Veden ausgeschlossen, schufen sich eigene, dem Volksglauben verhaftete Lehren, die sie argwöhnisch hüteten. Es erstaunt daher nicht, dass der tantrische Hinduismus Kastenwesen und Patriarchat scharf ablehnt und Auswüchse der orthodoxen Lehre, etwa die Witwenverbrennung, ächtet. Diese moralische Stärke des Tantrismus wurde von seinen Kritikern oft übersehen.

Andererseits waren bei einigen ›linkshändigen‹ Shiva-Sekten tatsächlich Riten verbreitet, die sich dem Verständnis nur schwer erschließen: in Kreisen, die Parvati als furchterregende Göttin Durga oder Kali verehrten, etwa schwarzmagische Praktiken und Menschenopfer. Die Aghoris (›Verehrer des Nichtschrecklichen‹) wandten sich rigoros gegen irdische Konventionen, indem sie das Tragen von Kleidern ablehnten und Kot wie auch Menschenfleisch aßen. Die Kapalikas pflegten ein Ritual, bei dem Alkohol aus Menschenschädeln getrunken wurde. Daneben fanden kultische Handlungen an und in Grabstätten statt. Kennzeichnend für den Hindu-Tantrismus ist nicht zuletzt das Bestreben, den Weg zur Erlösung in orgiastischer Hingabe zu finden. All diese Praktiken, bei denen Schrecken und Tod zu Faszinosa werden, wirken auf den ersten Blick wie ein Gegenbild zu Askese und Weltentsagung, lassen bei genauerem Hinsehen jedoch eine tiefinnere Verbundenheit erkennen, die auf gemeinsamer Abkehr von der Normalität des Daseins gründet. Wie die verträglicheren Methoden Rechter Hand sind sie kein Selbstzweck, sondern dienen der Erlösung von dieser Normalität des ›Falschen‹.

Die Hirnschale eines Menschen, mit Bronze eingefasst und mit dämonenabwehrenden Türkisen geschmückt. Tibet, spätes 19. Jahrhundert. Als rituelle Trinkgefäße wurden solche *kapala* genannten Schädeldecken im tibetisch-tantrischen Buddhismus mit Blut, ersatzweise mit Wein gefüllt.

Sexualmagische Praktiken

»Die Veranstaltungen gipfeln in der fleischlichen Kopulation derer, die an den Initiationsriten teilnehmen«, schreibt ein europäischer Kritiker des Tantra im 19. Jahrhundert. »Jedes Paar repräsentiert Bhairava und Bhairavi (Shiva und Devi) und wird so für einen Augenblick mit ihnen identifiziert. Das ist *srichakra,* der ›heilige Kreis‹, oder *purnabhiseka,* die ›vollkommene Weihe‹, der wesentliche Akt oder genauer: das Vorstadium der Erlösung, der höchste Ritus des mystischen Deliriums (...) In Wahrheit ist ein Shakta der linken Hand fast immer ein Heuchler und abergläubischer Wüstling.«

Dieser Tenor ist auch indischen Quellen nicht fremd. Die heiligen Schriften des Brahmanismus bekunden Abscheu vor sexuellen Riten und Blutopfern, die im Osten Indiens verbreitet waren. Bis in die Zeit der Maurya-Kaiser setzte das Gangesdelta den arischen Einwanderern eine unüberwindbare Barriere. Was jenseits lag, galt als barbarisch, regte aber doch die Fantasie an. Allem Anschein nach war Bengalen in jener frühen Zeit ein Rückzugsgebiet für Völker, die vor den Ariern geflohen waren. Ihr Kult stand im Zusammenhang mit einer Muttergöttin und wurde erst spät dem Brahmanismus eingegliedert. Bengalen blieb Zentrum sexualmagischer Praktiken und hat dem Tantra entscheidende Impulse geliefert. Besonders bekannt wurden im Westen die Blutkulte um die Göttin Kali, denen die britischen Kolonialherren in Kalkutta begegneten.

Aus den vorarischen Riten ging das oft zitierte Ritual des *panchattva* hervor: Die im Kreis sitzenden Teilnehmer ergaben sich hemmungslos dem Genuss der fünf *(pancha)* M, die von der Orthodoxie strikt abgelehnt wurden: *madya* (ein berauschendes Getränk), *mamsa* (Fleisch), *matsya* (Fisch), *mudra* (geröstetes Getreide) und *maithuna* (Geschlechtsverkehr). Der Aufstieg zu höherem Geistesvermögen wurde also gerade darin gesucht, dass man sich dem Verbotenen hingab, um Ekel zu überwinden und Lust abzutöten. Das Pendant bei den Buddhisten bestand übrigens darin, die fünf höchsten Mönchsregeln zu übertreten.

Wie sehr diese Rituale stets auch mit magischen Vorstellungen behaftet waren, zeigt sich daran, dass die Zahl Fünf das Maß der Handlungen bestimmte. Bis zur (erstaunlich frühen) Einführung des Dezimalsystems zählte man in Indien an den Fingern einer Hand die fünf Sinne, die fünf Elemente, die fünf Weltgegenden usw. ab. Diese Zahl steht zugleich für die Vereinigung von Himmel und Erde. Schon darum darf Maithuna nicht als zentrales oder gar einziges Streben des Tantrismus betrachtet werden.

Es trifft allerdings zu, dass in der Vereinigung – nicht nur der physi-

Der Schutzgott *(yidam)* Kalachakra im sakralen Liebesgenuss
(yab-yum) mit seiner Gefährtin *(prajna)*. Vergoldete Bronze aus Südtibet,
16. Jahrhundert

schen – eine schöpferische Kraft erkannt wurde. Aus ihr entsteht Leben,
aus ihr erwachsen Früchte, auch solche der Erkenntnis. Ekstase bedeutet
darum Seligkeit, Seligkeit umgekehrt
Ekstase. In der hinduistischen Kunst
wurde diese Auflösung der Polaritäten am deutlichsten durch die körperliche Vereinigung von Shiva und
seiner Shakti symbolisiert: Shiva, der
als Zeichen für die Aufhebung der
Welt gilt, wird zur Einheit mit Parvati,
der schöpferischen, fruchtbaren
Kraft. Diese weibliche Energie ruht
im Körper eines jeden Menschen
und lässt sich, durch den Sexualakt
erweckt, in den Dienst höherer Ziele
stellen.

Das mystische Weltbild

Der Osten Indiens gab nicht nur für die hinduistischen, sondern auch für die buddhistischen Schulen des Tantra die entscheidenden Impulse. Zwischen dem 8. und 12. Jahrhundert fand die buddhistische Lehre hier mit der Pala-Dynastie ein letztes Mal aristokratische Förderer in Indien. Neue Klöster entstanden, ältere Anlagen, darunter die berühmte Universität von Nalanda (vgl. Abb. S. 87), wurden zu monumentaler Größe ausgebaut. In diesen Instituten lebten Hunderte von Mönchen, die sich zu unterschiedlichen Richtungen des Buddhismus bekannten und durch regen geistigen Austausch immer neue Lehrmeinungen entwickelten. Eine solche Atmosphäre förderte den Synkretismus, der den eigentlichen Reiz des Tantra ausmacht.

Im Rückblick ist schwer zu beurteilen, auf welche Weise Shivaismus (Hinduismus) und Buddhismus einander beeinflussten. Deutlich wird nur, dass die Buddhisten dem sexuellen Aspekt des Göttlichen geringere Bedeutung beimaßen als die Hindus. Galt es einst als sinnlos und den Hochzielen des Buddhismus sogar für abträglich, sich Gedanken über den Kosmos zu machen, so avancierte die Frage nach dem Weltbild jetzt zum zentralen Thema. Aus kosmisch-mythischem Bewusstsein heraus setzten die tantrisch gestimmten Buddhisten seit etwa dem 8. Jahrhundert ihr ganzes Bemühen daran, durch die Freisetzung intuitiver Energien die Weltordnung in sich selbst aufzuspüren. Die eigene Sexualität konnte Symbol für jede Form von Vereinigung sein, mithin auch für das Aufgehen des Bewusstseins in der Leere. Diese Shunyata (vgl.

In manchen indischen Darstellungen erscheint Buddha als Inkarnation Vishnus. Nach hinduistischem Glauben verkörperlicht sich der hohe Gott immer wieder in so genannten Herabkünften. Bei seiner neunten Herabkunft nahm er die Gestalt Buddhas an. Darin verbirgt sich natürlich der Versuch, den Buddhismus zu einer bloßen Erscheinungsform des Hinduismus (Vishnuismus) herabzustufen.

S. 83ff.) war ihrerseits nicht mehr Angelpunkt philosophischer Betrachtungen, sondern hatte sich zu einem
Mythos entwickelt, dem sich die Anhänger des Tantra
durch Zauberkräfte zu nähern suchten.

Die Dinge waren offenbar nicht das, wofür sie ge-
meinhin angesehen wurden, vielmehr besaßen sie ihre
kosmischen Entsprechungen, waren eingebettet in uni-
versale Strukturen, die sich nur mit Methoden des Tantra durchschauen ließen. An diesem Punkt verband sich
Metaphysik mit Magie. Oberstes Ziel des Schülers –
nur Eingeweihte vermochten das magisch-mystische
Intimwissen weiterzugeben – war es, ein *vajrasattva* zu
werden, ein ›Diamantwesen‹, das die Eigenschaften
des personifizierten Vajrasattva, des höchsten Buddha,
besaß und, die Komplexitäten des Kosmos beherr-
schend, in sich einschloss. Vajra, der Donnerkeil, der
an die vedische Religion zurückerinnert und den Ariern
als mächtigste Waffe galt, versinnbildlichte die Härte
und Reinheit eines Diamanten, der seinerseits die Lehre
und die Erwachung anschaulich machen sollte. Diese
wiederum sind nicht zu erlernen und zu erleben, sondern nur spirituell zu erfassen. In einem solchen tantrischen Beziehungsgefüge wird jeder Gedanke, jedes
Bild zu einem Anklang an mystische Visionen, die
zwischen Mensch und Kosmos vermitteln.

Makro- und Mikrokosmos

Das tantrische Lebensgefühl ergibt sich aus einer vo-
rausgesetzten Verwobenheit mit dem Universum. Die
Renaissanceprämisse vom Menschen als Maß aller
Dinge ist Indien zutiefst fremd. Als Ursache für die
Weltordnung benennt der tantrische Buddhismus den
Adibuddha, der in jedem einzelnen wirkt und ihm Kraft
und Ruhe verleiht. Er ist die einzige Wirklichkeit hinter
allen Scheinwesen und Scheinstoffen. Die sichtbare
Welt muss demnach eine Offenbarung seiner Existenz
sein. Was im Diesseits besteht, hat unweigerlich seine
Entsprechung im Jenseits – wobei diese Begriffe kei-

Als Symbol des Absolu-
ten ist der Donnerkeil
oder Vajra, bekannt auch
als Blitz- oder Diamant-
zepter, zum Wahrzeichen
des esoterischen Bud-
dhismus schlechthin ge-
worden, wo er für das
männliche Prinzip (im
Gegensatz zur weiblichen
Glocke) steht. Das abge-
bildete Werkstück aus
feuervergoldeter Bronze
wurde im Japan der Fuji-
wara-Zeit (10. – 12. Jahrhundert) nach einer chinesischen Urform gegossen.

Kalachakra und Vishvamata plus 2 Shaktis

4 männliche und 4 weibliche Buddhas
und ihre Partnerinnen bzw. Partner

12 männliche und 12 weibliche
Bodhisattvas und 4 männliche und
4 weibliche zornvolle Gottheiten

8 Shaktis

64 Göttinnen des Sprach-
bereichs

32 Beschützer des Körper-
bereichs

4-blättriges Scheitelchakra

16-blättriges Stirnchakra

32-blättriges Kehlchakra

8-blättriges Herzchakra

64-blättriges Nabelchakra

32-blättriges Sexualchakra

Chakras des mensch-
lichen Körpers und ihre
spirituellen Beziehungen

nesfalls nach dem Dualismus der vorderasiatischen Erlösungsreligionen, etwa des Christentums, verstanden
werden dürfen.

Der tantrisch-buddhistische Glaube an die Analogie
zwischen Mikro- und Makrokosmos erklärt auch das
große Vertrauen seiner Anhänger in okkulte Kräfte.
Meditation, die im Abendland betrieben wird, um Körper
und Intellekt zu schulen, soll in Indien der Stärkung
des Geistes dienen, der sich im Höheren wiederzufin-
den und zu beheimaten sucht. Durch Yoga steigt der
Mensch in himmlische Sphären auf, so wie er umgekehrt durch kultische Verehrung das Göttliche in seine
Seele herabruft. Was als Gegensatz erscheint, Diesseits und Jenseits, ist also, anders als in den westlichen
Erlösungsreligionen, in völliger Harmonie verbunden.

In den tantrischen Texten werden gleich mehrere
Methoden beschrieben, die uns die Verbundenheit zwischen Mikro- und Makrokosmos erspüren lassen. Yoga
hat zum Ziel, jene Bewusstseinsakte abzustreifen, die
den Geist an die greifbare und letztlich doch leere Welt

ketten. In fortschreitenden Übungen wird der Kontakt mit kosmischen Zentren im Körper *(chakra)* immer enger, bis daraus schließlich eine Schau des Makrokosmos gewonnen wird. Auch Bilder von Gottheiten – dem Westen sind sie bloße Kunstwerke – können Hilfsmittel sein, um die Verwobenheit mit dem All-Eins zu erkennen. Ebenso stellen bewusstes Atmen (vgl. S. 46f.) und die rhythmische Rezitation von Kurztexten oder die Wiederholung von Lauten Kontakt mit dem Makrokosmos her. Ziel des tantrischen Buddhismus: Der Mensch soll über solche Übungen in sich das Göttliche entdecken und seinen Körper nach kosmischem Modus beherrschen lernen.

Auch östliche Heilmethoden (Reflexzonenmassage, Akupunktur usw.) sind von diesen Konzepten einer makro-mikrokosmischen Einheit geprägt. Die Wirksamkeit jenseits des typisch abendländischen, auf praktischen Effekt und Erfolg abzielenden Einsatzes beruht zum Teil auf Visualisierungen, die sich ihrerseits an kosmischen Bezügen orientieren. Körperteile entsprechen Farben, Farben entsprechen Elementen, diese wiederum Welten oder Göttern. So wird dem Wasser die Farbe Weiß und der Erde das Gelb zugeordnet – beides freundliche Farben –, während die als bösartig geltenden Farben Rot, Grün und Blau für das Feuer, den Äther bzw. die Luft stehen. Auch Silben werden in dieses kosmische

»Om. Mani padme. Hum.« Mantra des Avalokiteshvara. Om und Hum stehen für Anfang und Ende und symbolisieren die Totalität. Mani padme (›O du Juwel im Lotos‹) benennt das Absolute, das in allem steckt, und das alle Wünsche erfüllende Juwel *cintamani,* das Avalokiteshvara als Herr der sechs Silben in den Händen hält. Mit Recht hat man die seit dem 1. Jahrhundert u. Z. nachweisbare Formel als das am meisten gesprochene Gebet der Welt bezeichnet.

System eingebunden: *Ma* ist das Rückgrat, ist der Weltenberg Meru, der im Osten blau, im Süden rot, im Westen gelb, im Norden weiß und im Zentrum grün ist usw. Die Rezitation der Silbe vermag also eine ganze Welt in Bewegung zu versetzen und auf den Rezitator zurückzuwirken.

Die makro-mikrokosmische Durchdringung findet auf allen Ebenen statt und ist so komplex, dass nur wenige ihren Gesetzen zu folgen vermögen. Nur diese Menschen eignen sich als Lehrer des tantrischen Geheimwissens. Mit solchen Vorstellungen aber ist der Buddhismus an seinen Ausgangspunkt zurückgekehrt, in jene einst von Brahmanen bewachte Welt der Magie, die Buddha zu überwinden gesucht hatte.

Der Götterhimmel des tantrischen Buddhismus

Das reiche Bezugssystem spiegelt sich auch im Götterhimmel des tantrischen Buddhismus wider. Von den fünf Jinas, den Herrschern über die Buddha-Länder, war schon im Zusammenhang mit dem Mahayana die Rede (vgl. S. 79ff.). Nach Ansicht der Gläubigen sind sie von Anbeginn Buddhas gewesen, also niemals Menschen oder sonstige irdische oder überirdische Kreaturen. Ihnen sind die fünf Kardinalrichtungen zugeordnet, und zwar nach magischen Gesichtspunkten und deshalb in leichter Abweichung zur Auffassung des Mahayana: Akshobhya (›der Unerschütterliche‹) steht für Dauerhaftigkeit und ist Herr über das Zentrum; Vairocana (›der Sonnengleiche‹) waltet im Osten; Ratnaketu (im Mahayana: Ratnasambhava; ›der im Edelstein Geborene‹) beherrscht den Süden; Amitabha (›der von unermesslichem Glanz‹) regiert im Westen; Amoghavajra (im Mahayana: Amoghasiddhi; ›der Unbestechliche‹) wirkt im Norden. Diese Jinas stehen zugleich für die fünf Elemente, die fünf Sinne des Menschen oder fünf Farben, die wiederum den Anfangsbuchstaben ihrer Namen entsprechen. Über die Symbolik der Zahl Fünf haben wir schon gesprochen (vgl. S. 102f.).

Der Adibuddha, die Personifizierung des Absoluten, ist in drei Erscheinungsformen bekannt, zunächst als der bereits erwähnte Vajrasattva mit dem Donnerkeil *(vajra)* als dem männlichen und der Glocke *(ghanta)* als dem weiblichen Attribut. Als Vajradhara hält der Adibuddha die Hände gekreuzt, sodass das männliche Symbol auf der linken, ›weiblichen‹ Körperseite liegt und das weibliche auf der rechten, ›männlichen‹. Diese Gestik versinnbildlicht die Aufhebung der Polaritäten im Absoluten, mithin die Erkenntnis einer globalen Harmonie, auf die das Tantra immer wieder verweist. Noch anschaulicher wird dieser Aspekt mit der Erscheinungsform des Adibuddha als Samanthabhadra (im Mahayana ein Bodhisattva), der in körperlicher Vereinigung mit seiner Partnerin Samanthabhadri dargestellt wird.

Akshobya, einer der fünf transzendenten Jinas, Herr des östlichen Buddha-Lands, auf einem Lotosthron. Die rechte Hand sinkt ab in der Erdberührungsgeste *(bhumisparshamudra;* vgl. Abb. S. 179). Vergoldete Bronze aus Osttibet oder Westchina, Mitte 19. Jahrhundert

Der ›sonnengleiche‹ Vairocana, hier vierköpfig dargestellt, sitzt auf einem Löwenthron und faltet die Hände zum Siegel der Erleuchtungsspitze *(bodhiagrimudra)*. Wandmalerei aus Alchi, 11./12. Jahrhundert

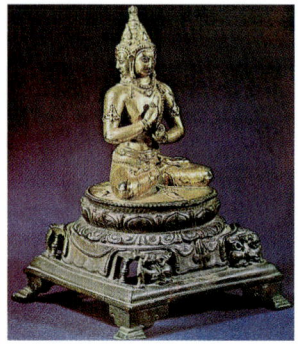

Der Adibuddha als Vajra-sattva (›Diamantgleiches Wesen‹). Als Verkörperung des Absoluten hält Vajrasattva einen Vajra oder Diamantzepter in den Händen. Vergoldete Bronze aus Nalanda, Nordindien, 13./14. Jahrhundert

Den transzendenten Buddhas sind also weibliche Kräfte zugeordnet, darüber hinaus aber auch himmlische Bodhisattvas samt ihren Shaktis sowie irdische Buddhas. Die Anzahl der Buddhas und Bodhisattvas wuchs mit der Zeit ins Unermessliche, da es den Gläubigen ein Bedürfnis war, sich die komplizierten Begriffe der Lehre in göttlichen Formen anschaulich zu machen.

Schließlich fanden auch Götter des Brahmanismus und ein Heer von Fabelwesen Eingang in das Pantheon des tantrischen Buddhismus. Oft handelt es sich um schreckenerregende Gestalten, etwa die schweinsköpfige Göttin Marici oder die *dharmapalas*. Von letzteren heißt es, dass ihre furchtbare Macht zwar unermesslich sei, sie sich aber doch den Buddhas fügen müssten und gezwungen seien, als ›Beschützer der Lehre‹ zu dienen. Eine Stufe tiefer in der Hierarchie stehen *yidams* (Schutzgottheiten) und *dakinis* (›Himmelswandlerinnen‹; vgl. Abb. S. 135), denen wiederum die 33 vedischen Gottheiten (vgl. S. 10), acht Muttergöttinnen, Titanen und schließlich gute und böse Geister (z. B. *yakshas, rakshasas*) folgen.

Im Laufe der Jahrhunderte wurden auch Götter des Hinduismus in die niederen Regionen des tantrischbuddhistischen Pantheons aufgenommen und als Personifikationen

Ratnasambhava, der transzendente Buddha des Südens, umgeben von Mahabodhisattvas. Nepalesische Malerei nach einer indischen, ins 10. Jahrhundert zurückreichenden Tradition

Vierarmiger Mahakala, einer der Dharmapalas oder Schutzgottheiten der buddhistischen Lehre. Solche Schutzgottheiten, von schreckenerregendem Aussehen und geschmückt mit tantrischen Attributen, kämpfen die Feinde der Religion nieder. Detail einer Malerei aus Südtibet, spätes 18. Jahrhundert

magischer Kräfte verehrt. Aus der Sicht der geistigen Führer blieb dieses gesamte Gefüge nur bildhafter Ausdruck jener Täuschung *(maya),* als die schon der frühe Buddhismus die Welt beschrieben hatte. Die Mehrheit der Gläubigen empfand den tantrischen Götterhimmel jedoch als eine Realität und passte den Kult immer mehr den allgemeinen indischen Vorstellungen an, bis schließlich auf Laienebene Buddhismus und Hinduismus miteinander verschmolzen.

Das Mandala als mystische Gesamtschau

Mandala bedeutet zunächst einmal ›Kreis‹. Dieser umschließt ein Diagramm aus Quadraten, Dreiecken und anderen meist geometrischen Formen, die durch Farben hervorgehoben oder von Figuren besetzt sind. So repräsentieren die eingeschlossenen Flächen, ob abstrakt oder illustrativ dargeboten, diesseitige oder jenseitige Wohnsitze von Göttern. Das gesamte Bild ist demnach als symbolische Darstellung von Makro- und Mikrokosmos zu verstehen. Als symbolisches Instrument *(yantra)* zur Veranschaulichung kosmischer Zusammenhänge hat das Mandala Bedeutung für den Meditierenden.

Ein Mandala kann eine Gesamtschau ergeben oder sich darauf beschränken, Teilaspekte des Tantra zu versinnbildlichen, etwa das Wesen einer bestimmten Gottheit oder einen Begriff der Lehre. Es folgt aber immer einem mehr oder weniger einheitlichen Gliederungsprinzip.

Als Beispiel sei das Vajradhatu-Mandala erläutert, das den Weg zur Erlösung aufzeigt. Der Betrachter, der in Gedanken von außen nach innen, vom Bildrand ins Zentrum voranschreitet, begegnet zunächst drei konzentrischen Ringen: dem Flammenring der Läuterung, dem Vajra-Ring der Einweisung in die Lehre und dem Lotosring der Reinheit. Mit der Überwindung des letzteren ist die geistige Neugeburt vollzogen. Der Gläubige befindet sich nun in einem Hof, der einen quadratischen Palast mit vier in die Kardinalrichtungen weisenden Toren umschließt. Zu beachten ist, dass sich bei indischen Mandalas der Osten, bei tibetischen der Westen oben befindet.

Der Palast ist von Diagonalen durchschnitten, sodass sich vier Dreiecke ergeben. Sie symbolisieren die Buddha-Länder und sind in deren Farben ausgemalt. Sukhavati, das Reich des Amitabha, ist beispielsweise an der Farbe Rot zu erkennen. Der Gläubige entscheidet sich nun für eines der Buddha-Länder und wählt das entsprechende Tor. Hier begegnet er einem Wächter, vor dem er Rechenschaft über seine Taten abzulegen hat. Der Zutritt wird ihm allerdings kaum verwehrt, da der Bodhisattva des gewählten Buddha-Landes bereit ist, dem Gläubigen die Last eines üblen Karman abzunehmen.

Der Weg zur Erlösung führt dann an heilbringenden Bodhisattvas und Buddhas vorbei ins Zentrum des Mandala, zum Adibuddha, dem Kern eines jeden Wesens (vgl. S. 80 und S. 109f.). So ist die kosmische Schau vollendet, der Gläubige hat in sich das Absolute entdeckt.

In unserer Beschreibung des Vajradhatu-Mandala haben wir uns auf ein Gemälde oder eine Zeichnung bezogen. Diese plane Gestalt ist vorrangig, aufgetragen z. B. auf Thangkas, den in Tibet und im Himalaya angefertigten Bildrollen (vgl. S. 134f.).

Ein unter der spirituellen Leitung des 14. Dalai Lama geschaffenes Kalachakra-Mandala, das zur höchsten Tantra-Klasse gehört (zur Zerstörung des Werks vgl. Abb. S. 48)

Zentralisierung des Mandala geht eine Ruhe hervor, deren Spannungslosigkeit sich aus der Totalität des kosmischen Bilds ergibt.

Dramatisch ist allein der Akt der Schöpfung: Ein Mandala wird während der Meditation und nicht im Wachzustand geschaffen. In der meditativen Zeremonie soll die menschliche Intuition von allen Einflüssen des Bewusstseins befreit und damit in die Lage versetzt werden, das kosmische Bild ins irdische Symbol herabzuholen. Ist das Werk vollendet, erlischt seine Wirkung für den meditierenden Schöpfer, und häufig wird es dann zerstört. Bleibt es erhalten, wird es zum Yantra für den meditierenden Betrachter. Der nach innen gewendete Blick schaut das von Menschenhand gefertigte, jedoch kosmische Objekt, bis sich Raum und Zeit auflösen und ein Zustand des Unbewusstseins eintritt. In ihm kann die Identität von Reichhaltigkeit (Figuren des Mandala) und Leere (Gehalt des Mandala) erfahren und damit alle Widersprüchlichkeit der Erscheinungswelt überwunden werden.

Ein Mandala kann aber auch als Kompositionsschema einer Plastik zugrunde liegen oder Bauplan für einen Tempel sein. Das wohl berühmteste Beispiel dafür und zugleich das größte Mandala der Erde ist der Borobudur auf Java, bei dem Grund- und Aufriss versinnbildlichen, wie der Gläubige auf dem Heilsweg voranschreitet.

Architektur, Plastik und Malerei, die auf einem Mandala beruhen, gelten im Abendland primär als Kunstwerke, dem Buddhismus sind sie jedoch zunächst einmal Meditationshilfen. Dass sie natürlich auch einer Ästhetik folgen, erscheint als zweitrangig bzw. als Ausdruck der kosmischen Korrespondenzen. Aus der Symmetrie und

Widerstreit mit dem Bön

Dem Westen gilt heute nicht etwa die indische Urlehre des Buddha, sondern eine religiös vielfach gebrochene Spätform der Religion als authentischer Buddhismus und das Oberhaupt dieser tibetischen Richtung, der Dalai Lama, geradezu als Repräsentant des Buddhismus überhaupt. Dafür sind auch politische Faktoren verantwortlich: die chinesische Inbesitznahme Tibets (1950), die Flucht des 14. Dalai Lama nach Indien (1959) und die Eingemeindung Tibets als ›autonome‹ Provinz in die Volksrepublik China (1965). Im Klima des Kalten Krieges wurde der Dalai Lama als friedvoller – und dem Westen nützlicher – Streiter gegen den Kommunismus zu einem ›politischen Faktor‹. Seine spirituelle Ausstrahlung konnte durch die so gegebene Medienpräsenz weltweit wirksam werden.

Die Tibeter, eigener Legende nach aus der Vereinigung eines Affen und einer Bergdämonin hervorgegangen, wurden erst spät missioniert. Zwar soll einem der frühen Herrscher bereits im 2. Jahrhundert u. Z. eine buddhistische Schrift zugetragen worden sein, aber erst unter König Songtsen Gampo (7. Jahrhundert, bekannt als *dharmaraja,* als ›Religionsherrscher‹) und seinen Nachfolgern Trisong Detsen und Tri Rapaltschen (8. und 9. Jahrhundert) gewann der Buddhismus im damals politisch bis Turkestan und China expandierenden Tibet an Bedeutung. Dies ging einher mit der Entwicklung einer eigenen Schrift für die tibetische Sprache und der danach überhaupt erst möglichen Übersetzung indisch-buddhistischer Texte.

Der anhebende Buddhismus stieß im großtibetischen Raum auf eine Altreligion, das Bön, das animistische und schamanistische Auffassungen vertrat und offenbar mit astrologischen Hilfsmitteln, Zaubersprüchen und -riten, Amuletten und Geisterfallen, aber auch Blutopfern Naturereignisse wie Menschenschicksale zu beeinflussen suchte. Unter dem Eindruck der buddhistischen Doktrin systematisierte und ergänzte das bis

dahin ungeformte, in unzählige lokale Traditionen zergliederte Bön seine Lehren in
solchem Maße, dass man für die Zeit nach
dem 8. Jahrhundert geradezu von einer
neuen Religion sprechen kann. Von den
Priestern, namentlich dem mythenumwo-
benen Shenrab Miwo, wurden die Bön-Auf-
fassungen nach dem Vorbild buddhistischer Lehrgebäude nun in ›Fahrzeugen‹
zusammengefasst, die u. a. Totenrituale,
Orakeldeutungen, Geisterbeschwörungen
einschlossen und ein Pantheon erkennen
lassen, in dem die buddhistische Vorstellungswelt des Mahayana/Tantrayana
bereits starke Spuren hinterlassen hat. Im
9. Jahrhundert setzte König Langdarma
das Bön in seiner reformierten, systemati-
sierten Form kurzzeitig sogar noch einmal
gegen den Buddhismus durch. Ein buddhistischer Mönch soll den Bön-König 842
ermordet haben.

Shenrab Miwo, der große
Lehrer des Bön, erscheint
als Lichtgestalt in einem
tschörten, der tibeti-
schen Form des Stupa.
Ausschnitt aus einem
tibetischen Thangka des
frühen 20. Jahrhunderts

   Es ist gewiss kein Zufall, dass der Buddhismus den
Bön gewohnten Tibetern erst dann akzeptabel wurde,
als er in sein eigenes magisch-mystisches Stadium
eingetreten war. Genau gesagt, war es die Richtung des
Vajrayana (›Diamantenes Fahrzeug‹), entstanden im
4./5. Jahrhundert, die in Tibet ihre Wirkung entfaltete.
Als die Wegbereiter (nicht: Begründer) des Vajrayana,
einer der vier großen Strömungen des Mahayana, gelten
zwei Brüder aus Peshawar im heutigen Nordpakistan,
Vasubandhu und Asanga, mit ihrer Yogacara-Lehre
(vgl. S. 89ff.). Das Vajra, der Donnerkeil des vedischen
Gewittergottes Indra, symbolisierte in diesem System
einerseits die diamantharte und zugleich diamantklare
buddhistische Lehre, andererseits die undurchdringliche und unzerstörbare Leere *(shunyata)* die alle Dinge
erfüllt, auch das menschliche Individuum und die Götter-
welt. Eine objektive Existenz gibt es danach ebenso

> »Im Vajrayana vollzieht sich der Schritt des Buddhismus zur gnostischen Religion, indem den Menschen die letzte Erkenntnis auf dem Weg des Intellekts und der sittsamen Lebensweise versagt bleibt und an ihrer Statt als höchstes Ziel eine esoterische Weisheit tritt, die, einem ekstatisch verzückten Bewusstsein gleichgesetzt, allein durch komplizierte Rituale zu erlangen ist; in ihnen werden durch Freilegen von Emotionen stufenweise höhere geistige Existenzformen erreicht. Zur Erlösung bedarf es also nicht mehr des grenzenlos mitleidvollen Bodhisattvas, wohl aber eines Lehrers, der den Novizen auf seinem Erleuchtungspfad begleitet und ihn sicher ans Ziel führt.«
>
> Alexandra Lavizzari-Raeuber

wenig wie etwa jenes irdische Leiden, von dem das Hinayana noch hatte erlösen wollen. Ziel der Gläubigen ist es vielmehr, zu einem allwissenden Bewusstsein (›Klares Licht‹) und zu einem ›Reinen Illusionskörper‹ zu gelangen. Erst dem Erwachten kann sich die Tiefeneinheit von Leerheit und Erscheinungswelt erschließen. Schon hier kündigt sich die spätere Rolle der Lamas, der geistigen Lehrer und Mönche, im tibetischen Buddhismus an (s. u.), die der Richtung den meist abschätzig verstandenen Beinamen Lamaismus eingetragen hat.

Die ›Erste Ausbreitung der Lehre‹

Wann auch immer genau die ersten Berührungen Tibets mit dem Buddhismus zu datieren sind, unzweifelhaft bleibt, dass der wohl aus dem heute pakistanischen Swat-Tal stammende Tantriker Padmasambhava (›Der Lotosgeborene‹), ein geheimnisumwitterter Magier, im 8. Jahrhundert die Lehren des Vajrayana mit solcher Ausstrahlungskraft ins ›Schneeland‹ trug, dass sie dort bis heute nicht untergegangen sind. Der Legende nach erfolgte Padmasambhavas Mission in unentwegtem Kampf gegen Dämonen, die sich ihm entgegenstellten, zuletzt aber unterworfen wurden und geloben mussten, fortan dem Buddhismus zu dienen. In der Ikonografie des tibetischen Buddhismus haben sie sich als Schreckgestalten erhalten; westliche Beschauer verblüfft angesichts der furchterregenden

Darstellungen, dass es sich nicht um Feinde, sondern hinzugewonnene Freunde des tibetischen Buddhismus handelt. Wir erkennen in ihnen die assimilierten Lokalgötter und -geister des Bön, zugleich auch das tantrische Prinzip des Ausgleichs von Gut und Böse, von Barmherzigkeit und Zorn. Unter Padmasambhava sollen 779 die ersten Tibeter, sieben an der Zahl, ihre Mönchsweihe erhalten haben, und bereits 791 saß ein buddhistischer Mönch unmittelbar unterhalb des Königthrons, noch über den weltlichen Ministern – der spätere Weg zum ›Gottesstaat‹, zur buddhistischen Hierarchie war damit angedeutet.

In Tibet gilt das Wirken Padmasambhavas, der um das Jahr 775 Samye, das früheste einheimische Kloster des Buddhismus, am Fluss Tsangpo (60 km von Lhasa) gegründet haben dürfte, als ›Erste Ausbreitung der Lehre‹. Übrigens fand 792 in Samye eine zwei Jahre während Konferenz statt, das so genannte Große Streitgespräch, in dem indische Denker des Mahayana/Vajrayana über chinesische Buddhisten der Chan-Richtung triumphiert haben sollen. Wie dem auch sei, fortan waren in Tibet alle Gedanken, die nach Chan-Manier (vgl. S. 153ff.) auf spontane Erleuchtung und Erlösung zielten, als ›chinesisch‹ verpönt.

Mit dem Scheitern der tibetischen Großmachtambitionen, die Truppen des Schneelands bis nach Samarkand und bis nach Burma geführt hatten, zerbröckelte Mitte des 9. Jahrhunderts auch die weltliche Herrschaft; die letzten Vertreter der herrschenden Dynastie setzten sich an den Westsaum ihrer ehemaligen Machtsphäre (Ladakh, Guge, Purang) ab. Großtibet zerfiel in Duodezfürstentümer. Damit ging, zumindest in Zentraltibet, auch der Buddhismus als ›Staatsreligion‹ unter;

Padmasambhava, der Lotosgeborene, wurde für die Himalaya-Länder im 8. Jahrhundert zum Apostel des Buddhismus, den er gegen bodenständige Kulte und magische Praktiken durchsetzte. Ausschnitt aus einem tibetischen Thangka er überlebte die politische Krisenzeit aber offenbar in einer abgesunkenen Form, in der sich die alten magischen Volkstraditionen geltend machten.

Die ›Zweite Ausbreitung der Lehre‹

Jedenfalls ist dies das Bild, das Anfang des 11. Jahrhundert der gelehrte Mönch Rinchen Zangpo zeichnete. Mit ihm begann die ›Zweite Ausbreitung der Lehre‹, wie die tibetische Tradition sie nennt. Der buddhistische König Yeshe-Ö, Herr im westtibetischen Kleinreich Guge, hatte eine Anzahl junger Männer nach Kashmir entsandt, damit sie dort den Buddhismus in seiner höchsten philosophischen Form studierten und zurück nach Tibet trügen. Rinchen Zangpo (958–1055) blieb 17 Jahre in Kashmir. Nach seiner Rückkehr trat er als Übersetzer *(lotsava)* indischer Schriften hervor, restituierte die alten Mönchsregeln und wurde selbst als Klostergründer tätig. Das ladakhische Kloster Lamayuru etwa soll sich um ältere, von Rinchen Zangpo gestiftete Bauten entwickelt haben.

Marpa, einer der großen tibetischen Übersetzer. Ausschnitt aus einem tibetischen Thangka

Ein weiterer großer Erneuerer des tibetischen Buddhismus war der bengalische Mönch Atisha (982–1054; Hauptwerk: *Die Lampe auf dem Erleuchtungspfad),* der – auf Einladung des Königshauses – 1039 nach Tibet reiste und zahlreiche tantrische Lehren ins Klosterleben einführte. Religionsgeschichtlich war Atisha Synkretist; er verband die Doktrin von der allesdurchdringenden Leere mit der Lehre von der Erzeugung des Erleuchtungsgeistes (vgl. S. 129). Gerade dadurch wurde er wirksam. Als sein bedeutendster Schüler erwies sich im 11. Jahrhundert der Tibeter Drom Tönpa. Ein anderer tibetischer Buddhist namens Marpa (1012–1096) brachte nach einem 16-jährigen Studium bei dem berühmten Vajrayana-Weisen Naropa im indischen Bihar besonders ausgefeilte tantrische Lehren und Techniken ins Schneeland zurück, wo er übrigens nicht als Ordinierter, sondern als gewöhnlicher Landwirt lebte, freilich immer wieder von Mönchen konsultiert. Der geheimnisumwitterte Milarepa (1052–1135), Marpas berühmtester Schüler, suchte lange Jahre als Asket die Einsamkeit der Schneeberge, ehe er selbst Schüler wie Gampopa (s. u.) annahm und seine Weisheit in Liedern weitergab. Nach dem Zeugnis seiner Zeitgenossen trotzte Milarepa, nur in dünnes Baumwolltuch gehüllt, selbst der Eiseskälte des winterlichen Himalaya, indem er eine der sechs Meditationstechniken des Naropa nutzte und sich selbst ›Innere Hitze‹ verschaffte. Na-

Der Asket Milarepa, ein Schüler des Marpa, lebte über viele Jahre als Eremit im Himalaya und soll dabei magische Fähigkeiten entwickelt haben. Typisch für seine Ikonografie ist die ans Ohr gehaltene Rechte, mit der angedeutet wird, dass Milarepa der Botschaft der Sphären lauscht. Ausschnitt aus einem tibetischen Thangka

ropas Doktrinen sind denen des letzten und komplexesten tantrischen Systems verwandt: dem Kalachakrayana, das angeblich im mythischen Land Shambhala ausformuliert wurde und 1027 Tibet erreichte.

Unter dem Einfluss all dieser Lehren, Lehrer und Vorbilder gewann der tibetische Buddhismus ein eigenes, ganz spezifisches Profil. Genau gesagt, bildeten sich auf einem Grundsockel von Gemeinsamkeiten zwischen dem 11. und 13. Jahrhundert mehrere große Schulen oder Orden mit jeweils eigenen Lehrauffassungen und religiösen Hierarchien, selbständigen Ordensregeln und yogistischen Praktiken heraus. Der Grund für die Zergliederung: Einerseits existierte im tibetischen Raum weiterhin keine politische Zentralmacht, die auf religiöse Einigung hätte drängen können; andererseits ging die indische Tradition, die für Tibet bislang Inspiration wie auch Regulativ gewesen war, kurz vor den moslemischen Eroberungszügen unter. Um 1200 schlossen die großen buddhistischen Universitäten Indiens wie z. B. Vikramashila und Nalanda, wo Naropa gelehrt hatte, ihre Pforten (vgl. S. 92).

Tibetischer Buddhismus

Die lamaistischen Orden und der tibetische ›Gottesstaat‹

Wer heute irgendein buddhistisches Kloster in Tibet oder seinem Umfeld (Ladakh, Zanskar, Nord-Nepal, Bhutan, Sikkim) besucht, gleich welchem Orden es zuzuordnen ist, wird in den Wandregalen unzählige gebundene Blätter gestapelt finden, hergestellt im Blockdruck, in denen sich die grundlegenden Gemeinsamkeiten der großen Ordensrichtungen bewahrt finden. Es ist der kanonische *Kanjur,* der 108 Einheiten umfasst und von den Schriften des Hinayana über die reich vertretene Mahayana-Literatur bis zu den Tantra-Lehren, zu Ritual und Yoga-Praxis reicht. Diese gestapelten Seiten sind das Ergebnis von vielen Jahrhunderten tibetischen Übersetzerfleißes (s. o.). Im 14. Jahrhundert wurde der *Kanjur* zur kodifizierten Grundlage des monastischen Lebens.

Ein weiteres Großwerk in den Regalen ist der *Tanjur,* der allerdings nicht als allgemeinverbindlich gilt, sammelt er doch in 224 Bänden neben diversen Hymnen auf Buddha, Gebetsammlungen, Legenden und Texten profaner Wissenschaft (Medizin, Grammatik, Poetik, Logik, Genealogie, Zeitrechnung) vor allem Kommentare zu den Tantras und bezieht somit Positionen, die dem einzelnen Orden im Detail unlieb sein können. Hier endet die spirituelle Gemeinsamkeit Tibets, beginnt die Besonderheit der klösterlichen Traditionen.

Die historisch älteste Tradition, die Nyingma-pa (›Schule der Alten‹; gemeint sind die alten Tantras), bezieht sich als einzige dezidiert auf den tantrischen Großmeister Padmasambhava, dem in den Augen der Ordensanhänger der Rang eines zweiten historischen Buddha zukommt. Das letzte Wissen Padmasambhavas liege in geheimen Depots (Höhlen, Statuen, Erdlagern) verwahrt, aus denen prädestinierten Gläubigen (*tertön;* ›Offenbarer der Schätze‹) in ›Funden‹ *(terma)* die jeweils zeitgemäßen Schriften oder Bildnisse als Schlüssel zum Heilsweg der Gegenwart offeriert würden.

Nyingma-Mönch in Gangtok, Sikkim

Schreckenerregende Gestalten, hier Göttinnen mit Tierköpfen, wie sie dem Verstorbenen vor der Wiedergeburt erscheinen. Ausschnitt aus einem tibetischen Thangka, 19. Jahrhundert

Das wohl bekannteste Terma ist das Tibetische Totenbuch *(Bardo Thödol)*, das am Bett eines Sterbenden gelesen wird und ihn über das Zwischenreich *(bardo)* zwischen Tod und Wiedergeburt unterrichtet. Die Nyingma-Tradition unterscheidet sich von den drei anderen Richtungen aber (s. u.) nicht nur durch ihren Bezug auf die Erste Ausbreitung der Lehre, sondern auch durch den Verzicht auf zentrale Führung und feste Klosterhierarchie; beide sollen ersetzt werden durch die Betonung meditativer Erfahrung. Das Weltbild der in meist kleinen, verstreuten Klöstern (Schwerpunkt: Osttibet) lebenden Mönche ist in neun ›Fahrzeugen‹ niedergelegt, die in aufsteigenden Dreiergruppen dem ›Ausstrahlungskörper‹, dem ›Körper des vollkommenen Erfreuens‹ und dem ›Erleuchtungs-‹ oder ›Wahrheitskörper‹ gewidmet sind.

Die Bedeutung ungebrochener Überlieferung wird auch vom Orden der Kagyü-pa hervorgehoben. Der Name bedeutet soviel wie ›Schule der weitergegebene

Zwei Äbte der Gelug-pa, des Ordens der ›Gelb-mützen‹. Ausschnitt aus einem tibetischen Thangka

Anweisungen‹ und ist heute der Oberbegriff für mehrere Traditionslinien, von denen die Karma-Richtung den größten Einfluss besitzt. Die ›weitergegebene Lehre‹ gehe, so will es der Orden, auf den Buddha Vajradhara zurück. Dieser habe seine Anweisungen dem großen magischen Meister Tilopa (988–1069) mitgeteilt. Tilopa soll sie dem Naropa vermittelt haben, der sein Wissen wiederum an den Tibeter Marpa weitergab, dieser an seinen asketischen Schüler Milarepa. Unter Milarepas Schüler Gampopa (1079–1153) entstand dann der Orden.

Die Sakya-pa führen ihre Herkunft auf den berühmten Übersetzer Drogmi (992–1072) zurück, der wie Marpa in Indien initiiert wurde und studierte. Das Kloster Sakya in Südttibet, nach dem die Tradition benannt ist, liegt an dem alten Handelsweg, der Tibet mit dem Kathmandutal verband. Als die Mongolen der Yüan-Dynastie während des 13. Jahrhunderts Tibet in ihren Herrschaftsbereich einbezogen, bestallten sie nacheinander zwei der adligen Sakya-Großlamas, Sakya Pandita und Phagpa, mit der administrativen Macht über das Schneeland. Damit wurde Tibet erstmals, wen auch nur kurzzeitig, von Priesterkönigen regiert.

Die Kadam-pa, der Orden der ›mündlichen Unterweisung‹, gegründet von dem großen Übersetzer Dromtön, berief sich auf die Lehren des Atisha und entwickelte bedeutsame Meditationstechniken zur Läuterung des Geistes. Als eigenständige Schule hat die Kadam-pa nicht überlebt, ihre Lehren und Schriften sind aber in den Bestand der anderen Orden eingegangen, vor allem in die Tradition der Gelug-pa (›Schule der Tugendhaften‹), die im 14. Jahrhundert durch das Wirken des osttibetischen Reformators Tsongkhapa (1357–1419) entstand. Schon äußerlich unterscheiden sich die Ordinierten seiner Richtung durch ihre orangegelben Kappen – daher ›Gelbmützen‹ – vom Habit der älteren Orden mit ihren ›Rotmützen‹. Dies signalisierte den neuen religiösen Aufbruch in Tibet. Der Gelug-Orden rückte von den besonders ekstatischen und erotischen magischen

Ein berittener Gelug-
Lama im winterlichen Tibet

Praktiken ab und unterband auch den Genuss berau-
schender Getränke. Das Gewicht lag und liegt auf einem
systematischen Studium der buddhistischen Schriften
(wobei die nichttantristische Philosophie des Mahayana
den Vorzug hat) und auf der Einhaltung der klösterlichen Regeln. Der Zulauf, den der Orden erfuhr, ließ in
schneller Folge Großklöster und Lehrzentren entstehen,
darunter Ganden (1409), Drepung (1416) und Tashil-
hünpo (1447).

Die straffe Klosterhierarchie und Zentralisierung der
Gelug-pa machte den Orden zu einem weltlichen Ord-
nungsfaktor, als sich im 15. Jahrhundert die staatliche
Macht in Tibet zu zersetzen begann. Der Gelbmützenabt
von Drepung, Sönam Gyatso (1543–1588), gewann in
dem Mongolenherrscher Altan Khan einen machtvollen
politischen Patron und erhielt von ihm den Titel Dalai
Lama (wörtlich: ›Weltmeerlehrer‹, gemeint: Lehrer von
ozeanisch großer und tiefer Weisheit). Der Abt, der
sich in einer Wiederverkörperungslinie sah, übertrug
den Titel auf zwei seiner Vorfahren und eröffnete damit
eine Tradition, die 1617 dazu führte, dass das Kind einer

Der 13. Dalai Lama
(1876–1933) im Alter
von 24 Jahren. Kolorierte
historische Fotografie

buddhistischen Familie aus Zentraltibet, Lozang Gyatso
(1617–1682), als fünfter Dalai Lama erkannt wurde. Mit
diesem ›Großen Fünften‹, wie er in der Gelug-Tradition
genannt wird, übernahm die Religion die Macht in Tibet.
Unter dem Schutz der Mongolen, die sich ihrerseits zur
tibetischen Formulierung des tantrischen Buddhismus
bekehrten, entstand eine Theokratie, die im Dalai Lama
ihre weltliche Autorität und im Panchen Rinpoche
(›Großer, kostbarer Lehrer‹; auch: Panchen Lama) ihre
höchste Autorität in Glaubensfragen hatte.

Nach dem Tode eines der beiden Führer wird nach
kompliziertem Ritual, in das Orakel und Omina eingehen, in neugeborenen Knaben der wiedergeborene

Nachfolger *(tulku)* gesucht. Zuletzt geschah dies 1937, als man in einem Zweijährigen aus der osttibetischen Provinz Amdo den Nachfolger des 1933 verstorbenen 13. Dalai Lama auffand. 1940 wurde er als 14. Dalai Lama inthronisicrt, mit 16 Jahren zum Staatsoberhaupt ernannt. Nach seiner Flucht (1959) aus dem kommunistisch kontrollierten Tibet nahm der Dalai Lama in dem nordindischen Bergstädtchen Dharamsala seinen Sitz. In zahlreichen politischen Initiativen, stets dem Prinzip der Gewaltfreiheit folgend, hat er sich seither als frommer und bescheidener Sachwalter des tibetischen Volkes erwiesen.

Die sympathische Gelassenheit des 14. Dalai Lama (und die skizzierte politische Situation) haben freilich Tendenzen zur posthumen Idealisierung der tibetischen Theokratie gefördert, die sich geschichtlich nicht rechtfertigen lassen. So wurden der 9., 10., 11. und 12. Dalai Lama bereits nach kurzer ›Amtszeit‹ ermordet – nicht nur, weil die damaligen chinesischen Oberherren der Mandschu-Dynastie ein Interesse daran hatten, sondern ebenso, weil es innertibetische Auseinandersetzungen gab und erbitterte religiöse Richtungskämpfe ausgetragen wurden. Es ist auch keineswegs bloße rotchinesische Propaganda, dass Tibet um 1950 ein höchst zurückgebliebenes Land war, dem Straßen und Brücken, elementare hygienische Einrichtungen und Hospitäler, nichtreligiöse Bildungseinrichtungen und Auslandsverbindungen fehlten; statt dessen herrschte Volksarmut, hohe und frühe Kindersterblichkeit und Analphabetentum. Der Buddhismus als weltliche tibetische Macht hat sich zivilisatorisch weithin desinteressiert gezeigt. In stagnativer Selbstgenügsamkeit verzichtete das buddhistische Tibet übrigens auch auf die eigene spirituelle Weiterentwicklung. Der jahrhundertelang lebendige Disput der Orden kam unter der weltlichen Herrschaft der Gelug-Richtung mehr und mehr zum Erliegen, verödete in Wiederholung und Auswendiglernen des Hergebrachten.

Lebensrad und Totenbuch

Das Lebensrad *(bhavachakra)*, auch als ›Rad der Existenzen‹ oder ›Rad des Werdens‹ bekannt, ist eine didaktische Darstellung des Wiedergeburtskreislaufes und deshalb häufig an der Außenwand tibetischer Tempel, direkt neben dem Eingang, aufgemalt. Auch als Thangka- oder Blockdruckmotiv ist es beliebt. Die ikonografischen Ursprünge reichen bis Ajanta (Zentralindien) zurück; die Legende bezeichnet sogar Buddha selbst als den Urheber. Als sein Schüler, der Magier Maudgalyayana, von einer seiner meditativen Unterweltreisen zurückkehrte, soll der Meister ihm aufgetragen haben, seine Jenseitserfahrungen auf einem drehbaren Zylinder darzustellen.

In der Nabe des Lebensrades sind die ›Drei Grundgifte‹ dargestellt, die den Wiedergeburtszyklus vorantreiben: Unwissen, Hass und Stolz, verkörpert in Schwein, Schlange und Hahn (vgl. Abb. S. 38). Im Nabenkranz zeigt ein Bildzyklus den aufsteigenden Weg zum Heil und den absteigenden Weg hinunter zu den tiefsten Wiedergeburten. Das Hauptfeld des Lebensrades ist durch Speichen in sechs verschiedenfarbige Felder geteilt. Sie markieren die sechs Weltbereiche *(gati)*, in welche die Wiedergeburten die Lebewesen führen können: die Welt der Götter (weiß), die Welt der Titanen und Halbgötter (grün), die Menschenwelt (gelb), die Welt der Tiere (blau), die Welt der Hungergeister (rot) und die Höllenwelt (schwarz). Häufig ist in jeder dieser Welten der barmherzige Buddha Avalokiteshvara dargestellt, der den Wesen den Ausweg kündet. Der äußere Ring des Lebensrades veranschaulicht in zwölf Motiven die buddhistische Lehre vom Bedingten Entstehen (vgl. S. 36f.).

Außerhalb des Existenzrades, da von aller Wiedergeburt befreit, stehen oben rechts der Buddha Gautama und oben links der Mitleidsbuddha Avalokiteshvara. Das Rad selbst wird von einem Dämonen gehalten, dem Herrn des Todes und der Illusionen.

Das *Tibetische Totenbuch (Bardo Thödol)* ist erst seit dem 15. Jahrhundert bekannt. Der tibetische Buddhismus sieht in ihm einen jener Wissensschätze, die von dem Tantriker Padmasambhava hinterlassen wurden (vgl. S. 116f.). Es belehrt den Sterbenden, an dessen Lager es vorgelesen wird, über das Zwischenreich *(bardo)*, in das er nun eingehen wird, bevor die Wiedergeburt in einem der sechs Welten des Existenzrades erfolgt. Thödol heißt soviel wie ›Erwachung durch Hören‹ und signalisiert einen tantrischen Weg zum Nirvana, der allein von den tibetischen Buddhisten anerkannt wird. Nachdem der Verstorbene im viertägigen Zustand des ›Todesschecks‹ zunächst sein Leben noch einmal vor dem inneren Auge hat passieren lassen, um sich seine karmischen Verdienste wie auch Missetaten bewusst zu werden, blendet

Thangka zum Totenbuch. Nepal, 19. Jahrhundert. Der weiße Buddha Vajrasattva offenbart dem Gläubigen die visionären Götter des Tibetischen Totenbuchs. In einem unteren Kreis sind die 42 friedvollen, in einem oberen Kreis die 58 zornvollen Gottheiten dargestellt. Nur wer im Zwischenreich die übermenschlichen Wesen als bloße Emanationen der Leerheit durchschaut, durchbricht die Wiedergeburtskette.

ihn bald nach dem Ende der ›Äußeren Atmung‹, das gleichgesetzt wird mit dem Zerfall der äußeren Illusionswelt, ein gleißendes Licht, das identisch ist mit der letzten Wahrheit. Vermag er sich mit dieser Wahrheit zu identifizieren, hat er sich endgültig befreit, verweht er im Nirvana. Gelingt es ihm nicht, bildet sich ein neuer Bewusstseinskörper, dem in der Welt der Höchsten (jedoch vom Nirvana schon getrennten) Wirklichkeit immer neue Projektionen und Lichtphänomene begegnen. Noch immer besteht die Möglichkeit der Befreiung, wenn die friedvollen und schreckenerregenden Bilder als Trugbilder erkannt werden, als Ausdrucksformen der karmischen Trübungen, entstanden in der letzten Existenz. Erst nach 17 Tagen tritt der Bewusstseinskörper des Verstorbenen in den Bardo des Werdens ein und wird in weiteren 31 Tagen zur Wiedergeburt geführt.

Spirituelle Grundlagen und Techniken

Das Vajrayana hatte, wie andere Mahayana-Richtungen, eine Lehre formuliert, in der Nirvana, Samsara und Selbst gleichermaßen als Leere erscheinen. Vom ›klassischen‹ Mahayana wich es jedoch in der Überzeugung ab, dass der Weg zum Heil auf eine einzige Lebensdauer verkürzt werden könne. Nicht mehr die Vermehrung karmischer Verdienste über viele Existenzen hinweg, sondern ein direkter (binnen eines Menschenlebens realisierbarer) Zugang zur höchsten Erleuchtung wurde angestrebt.

Die Wegbereiter des Vajrayana knüpften einerseits an Lehren des südindischen Mahayana-Heiligen Nagarjuna (um 200 u. Z.) an, der in seiner Madhyamika-Philosophie (›Mittlere Lehre‹) die Leerheit oder Wesenlosigkeit aller Dinge und Begriffe verkündet hatte (vgl. S. 84f.), und verbanden sie mit der Chittamatra-Lehre (vgl. S. 87), die besagte, dass die Welt mit ihren zahllosen Erscheinungen nur Bewusstseinsprojektion sei. Die keimhafte Buddha-Natur, die in jedem Lebewesen angelegt sei, ermögliche es den Menschen, durch meditative Praktiken in aufsteigender Stufenfolge der

Der 14. Dalai Lama (links) als Meister eines Kalachakra-Rituals, hier beim Bannen behindernder Wesen wahren, monistischen, also nichtdualen Natur des Seins jenseits aller scheinpolaren Phänomene und begrifflichen Aneignungsversuche innezuwerden. Der damit gewonnene selbstlose ›Erleuchtungsgeist‹ ist – nach dem Tantrayana – aber ein altruistischer Geist, der das Glück – die Erwachung und Erlösung – aller Lebewesen anstrebt.

Der Aufstieg zur Erwachung und Auslöschung des Selbst erfolgt über Übungen in vier Tantra-Klassen. Zunächst übt sich der Adept in den äußeren Handlungen *(kryatantra)*, danach verbindet er auf einer zweiten Stufe diese äußeren Handlungen mit inneren Prozessen *(caryatantra)*, auf einer dritten Stufe dominieren dann die inneren Übungen *(yogatantra)*, auf der letzten und höchsten *(annutarayogatantra)*, zu der auch das *kalachakra tantra* gehört, die besonders anspruchsvollen, erlösungsträchtigen spirituellen Übungen.

In der Ritualpraxis des tibetischen Buddhismus verknüpfen sich diese Ebenen, etwa bei der Schaffung eines Mandala (vgl. S. 112f.). Zunächst werden die notwendigen äußeren Handlungen vollzogen, etwa die Reinigung des Mandala-Grunds oder seine ›Dynamisierung‹ durch mehrfaches Umschreiten. Bestimmte Phasen der rituellen Vorbereitung werden zuweilen von Kultmusik begleitet. Der Vajra-Meister, ein Fortgeschrittener, verbindet äußere und innere Handlungen, indem er zunächst die herabzurufende Gottheit in sich selbst erzeugt (Gott-Yoga) und sie dann unter dem Aussprechen von *mantras,* heiligen bzw. ›Keimsilben‹, in einem äußeren Bild visualisiert, das schließlich wieder in die Leerheit aufgelöst wird.

Es ist dabei nochmals zu bedenken, dass der Gottesbegriff des Vajrayana nichts gemein hat mit dem des vorderasiatisch-abendländischen Monotheismus oder auch des Hindu-Polytheismus. Die Götter mit ihren zugewiesenen Farben und Attributen sind nur Bewusstseinsprojektionen, nur spirituelle Hilfsmächte und wie alle menschlichen Individuen Truggebilde der letzten

In den tibetischen Gebetsmühlen sind auf Papierstreifen Mantras, mystische ›Keimsilben‹, deponiert, die durch die Drehbewegung des Metallbehälters in Schwingung versetzt werden, auf dass sie ihre geheimen Kräfte entfalten. Die Gläubigen sprechen dem einen Effekt zu, der dem Aufsagen oder Dahinmurmeln von Gebetsformeln und Keimsilben gleichkommt.

Leerheit, zugleich aber dennoch Repräsentanten von heilswirksamen Tugenden wie Mitleid oder Weisheit, die der Meditierende, der Mandala-Schöpfer in sich erzeugen möchte.

Die bereits genannte letzte und höchste Klasse der Tantras gliedert sich in zwei Stufen: eine Erzeugungsstufe, auf welcher der ›Reine Illusionskörper‹ eines Buddha dadurch entsteht, dass die fünf gewöhnlichen, ›befleckten‹ Aggregate der Lebewesen (Körperlichkeit, Empfindungen, Wahrnehmungen, Geistesregungen, Bewusstseinsvorgänge) zu denen eines Buddha geläutert werden, und eine Vollendungsstufe, die zum ›Klaren Licht‹ und in der Vereinigung dieses höchstmöglichen Bewusstseinszustands mit dem Buddha-Körper zum Vajradhara- oder Samanthabhadra-Zustand führt, in dem sich das Absolute (personifiziert als Adibuddha; vgl. S. 109f.) manifestiert und somit alle Widersprüche und Differenzen in einer letzten Einheit verwehen.

Wir heben noch einmal das Prinzip hervor, dass der Erlösungsweg des tibetischen Buddhismus, anders als im klassischen Mahayana, ein kurzer ist, bewältigbar nicht in vielen Existenzen nach Auflösung aller karmischen Rückstände und Trübungen, sondern in einer einzigen Menschenlebenszeit, wenngleich nur in beharrlicher Schulung.

Hier zeichnet sich letztlich doch eine Tiefenverbindung zum Zen mit seinem Konzept der (vorbereiteten) Spontanerleuchtung *(satori)* ab – auch ein Grund dafür, dass im westlichen 20. und 21. Jahrhundert, das auf individuelle Selbstverwirklichung drängt, gerade diese beiden Spätrichtungen des Buddhismus besonderen Anklang finden. Die Paradoxie liegt zwar auf der Hand – hier abendländische Selbstverwirklichungssehnsucht, dort konzeptuelle Auslöschung des als illusionär verstandenen Selbst –, doch fasziniert westliche Adepten offenbar die östliche Verkündung einer spirituell hervorgehobenen Sonderheit, als deren Vertreter sie sich verstehen möchten.

Die Bedeutung des Lama

Der tantrisch-tibetische Weg des Buddhismus mit seinen Abkürzungskonzepten zur Erlösung aus dem Lebenskreislauf ist aber nicht nur kurz, sondern gerade deshalb besonders komplex und anspruchsvoll; wie so viele Abkürzungen lässt er sich nur mit besonderer Pfadgenauigkeit und Disziplin gehen. Da die Tantras kein exakter spiritueller Reiseführer sind, bedarf es eines Lehrers, der initiiert und den Gläubigen auf dem Heilspfad weiterführt. Hier setzt die tibetische Konzeption des Lama ein. Das Wort ist das tibetische Äquivalent zum Sanskrit-Wort *guru* und bedeutet soviel wie ›der Höherstehende‹, ›der Erhabene‹; es bezeichnet spirituelle Lehrer von besonderer Qualifikation, also keineswegs jeden buddhistischen Mönch. (Allerdings ist Lama zugleich auch eine höfliche Anrede für den tibetischen Mönch im Allgemeinen.) Das Tibetan Department for Religion and Culture, das offizielle Amt des Dalai Lama in Dharamsala, führt in einer Lehrschrift die Qualitäten auf, die einen Lama auszeichnen müssen: »Er soll seine Gelübde und ethischen Regeln beachten, über Konzentration und unterscheidende Weisheit verfügen. Er soll eine größere Gelehrsamkeit und höhere geistige Erfahrungen als seine Schüler besitzen und sich bemühen, das höchste Ziel für sich selbst und für andere zu erlangen. Er muss die ›Drei Körbe der Lehre‹ gründlich kennen und die wahre Natur der Phänomene verstehen. Darüber hinaus soll er geschickt im Unterweisen seiner Schüler sein und eine starke Zuneigung und großes Mitgefühl für sie und alle anderen Lebewesen hegen. Von Schwierigkeiten, denen er bei seinem Wirken zum Wohle seiner Schüler begegnet, darf er sich nicht entmutigen lassen.« Kurzum: Ein Lama muss durch und durch vom Geist der buddhistischen Lehre erfüllt und selbst weit fortgeschritten sein auf dem Heilsweg. Traditionell geht man davon aus, dass ein Lama eine Ordinationszeit von mindestens zehn Jahren hinter sich hat, dass er drei

Jahre lang in der Zurückgezogenheit lebte und dass
ihm die höchsten, geheimsten Einweihungen durch
einen eigenen ›Wurzel-Lama‹ zuteilwurden. Er ist ein
Meister der Tantras, weist die Adepten in das mystische Weltbild ein und schützt die Allgemeinheit durch
spezifische Rituale (z. B. Lama-Tänze). Da er das eigentliche Wesen der Wirklichkeit durchschaut hat, könnte
er im Nirvana verwehen, doch verbleibt er mitleidsvoll
– als Personifikation des Heils – auf Erden und ist dem
Lernenden ein Spiegel des Absoluten. Dieser Lernende
wiederum konzentriert sich in seinen meditativen und
tantrischen Übungen ganz auf den Lama als seinen
spirituellen Meister und steht mit ihm in ständigem
Rapport, auch dann, wenn der Meister nicht körperlich
anwesend ist.

In alledem zeichnet sich unverkennbar das Mahaya-
na-Weltbild mit seinen Bodhisattvas ab (vgl. S. 90ff.),
die zwischen dem Absoluten und der Menschenwelt
changieren. So erklärt sich denn auch das tibetische
Konzept vom Tulku, vom wiedergeborenen Lama. Der
erhabene Lehrmeister nimmt kraft seiner Buddha-Na-

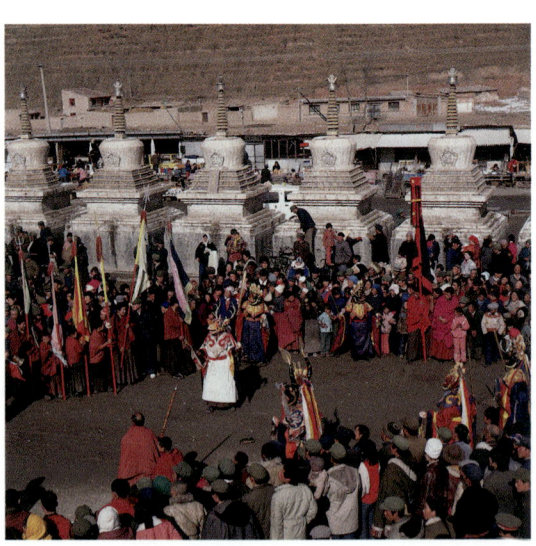

Die maskierten Ritual-
tänzer, hier in einem
Hof des tibetischen
Kloster Taglung, stellen
Dharmapalas dar,
Schutzpatrone des tibe-
tischen Buddhismus
(vgl. Abb. S. 111).

tur nach seinem biologischen Tod in einem neuen grobstofflichen ›Erscheinungskörper‹ menschliche Gestalt an, um sein Erlösungswerk fortzusetzen. So wird der Dalai Lama, der ozeanweise Lehrer, in Tibet denn auch als *kundun* (›Gegenwart‹) bezeichnet, als konkrete Erdengegenwart eines Bodhisattva nämlich. In seinem Fall ist es Avalokiteshvara, der Bodhisattva des Mitleids und Schutz-

Avalokiteshvara (›Mitleidvoll Herabsehender‹) ist im Mahayana der wirkkräftigste Bodhisattva; außer Menschen hilft er Göttern, Tieren und Höllenbewohnern. Als Personifikation des allumfassenden Mitleids wird er elfköpfig dargestellt: Da sein Kopf beim Anblick der Leidenswelt zersprang, formte Amitabha (vgl. S. 81) neun friedvolle Gesichter, darüber erscheint ein zorniges, das Dämonen abwehrt, und schließlich das Amitabhas. Vergoldete Bronze, Sikkim, 19. Jahrhundert

patron Tibets, den man in steter, nun also 14. Wiederverkörperung wirken sieht. Doch soll nach einer alten Prophezeiung, auf deren Aussage sich auch der heutige Dalai Lama bezogen hat, mit seinem eigenen Ableben die Kette der Tulku-Wiedergeburten abreißen.

Thangkas

Zu den buddhistischen Bildwerken, die im Westen besondere Beliebtheit erlangten, zählen die noch heute in Tibet und der Himalaya-Region gefertigten Thangkas. Hier handelt es sich entweder um Darstellungen von Mandalas (vgl. S. 112f.) oder um Einzelfiguren oder Gruppen, deren Komposition häufig auf einem Mandala beruht. Die tragbaren Bildrollen können zwar auf Pilgerreisen mitgeführt und zur Andacht überall ausgebreitet werden, dienen jedoch hauptsächlich zur Ausschmückung von Klosterhallen, gelegentlich neben, häufiger aber anstelle von Wandmalereien. Die Vorliebe für strahlende Farben erklärt sich teils daraus, dass die Bilder in den dunklen Räumen gleichsam aus sich selbst heraus leuchten mussten, entspricht aber auch dem klaren Licht Tibets und steht zugleich in Zusammenhang mit der buddhistischen Farbsymbolik.

Zur Farbgewinnung wurden früher ausschließlich mineralische (Zinnober, Mennige, Arsensulfid, Kupferkarbonat) und pflanzliche Stoffe (Indigo, Lackharz, Holzkohle, Leim) verwendet. Das Herstellungsverfahren war sehr aufwendig, vor allem bei den beliebten Goldtönen, und basierte auf einem umfangreichen Fachwissen, das die Künstler geheim hielten. Die Farben waren entsprechend teuer, und da sie wegen ihrer Wasserlöslichkeit auch recht anfällig waren, wurden sie mehr und mehr durch die obendrein leuchtkräftigeren synthetischen Produkte ersetzt. Mit Anilinfarben gemalte Thangkas sind heute weitaus bekannter als die alten Rollbilder mit ihren warmen Farben, nicht zuletzt durch ihre Verbreitung auf dem Souvenirmarkt.

Bei der traditionellen Fertigung wurde zunächst grobe Baumwolle (seltener: Leinen, Seide oder Leder) mit einem Gemisch aus Kreide und Leim grundiert und dann zum Bemalen auf einen Holzrahmen gespannt. Der Vorzeichner trug nun ein Liniengerüst auf, das es ermöglichte, der Hauptfigur die idealen, kultisch wirksamen Proportionen zu verleihen. Im nächsten Schritt füllte ein Maler – er war nicht unbedingt identisch mit dem Zeichner – die Flächen grundierend und schattierend farbig aus und überließ es schließlich dem Zeichner, den Landschaften und Figuren letzte Umrisslinien zu geben. Mit dem Einfügen der Augen, dem wohl schwierigsten Part, der dem spirituellen Meister vorbehalten blieb, war die Arbeit am eigentlichen Bild abgeschlossen, das erst durch dieses ›Augenöffnen‹ zum Weihebild wurde.

Ein weiterer Künstler hatte nun die Aufgabe, das Bild einzufassen. Zunächst wurde ein gelber, dann ein roter Rand aus Seide angefügt, der die vom Gemälde ausgehende Kraft symbolisiert. Der Thangka wurde

Thangka mit Dakinis. Tibet, 19. Jahrhundert. Dakinis oder ›Himmelswandlerinnen‹, wie man sie in Tibet nennt, sind als Botinnen der Erlösung unterwegs. Ausgestattet mit übernatürlichen Kräften, weisen sie den Heilssucher, insbesondere den Yogin, in verborgenes mystisches Wissen ein, wobei ihr häufig schreckenerregendes Äußeres den Dämonen wehren soll. In der Meditation über diesen Thangka, der sieben in Flammenaureolen tanzende Dakinis zeigt, soll der Gläubige von der spirituellen Hilfe der Himmelswandlerinnen profitieren.

dann mit einer Borte aus mehrfarbig gemusterter Seide umnäht, sie erhielt oben eine Leiste zum Aufhängen, unten einen Stab zum Aufrollen bzw. zum Beschweren des ausgerollten Bildes. Eine so genannte ›Tür‹ aus gemustertem Goldbrokat oder aus Seide, deren Sinngehalt letztlich unklar ist, wurde am unteren Saum angebracht und kennzeichnet die authentischen Thangkas. Diese besitzen außerdem auf der Rückseite mehrere Aufschriften, etwa die Beschreibung der abgebildeten Figur, eine Anweisung, an welcher Stelle im Kloster der Thangka zu platzieren ist, eine Widmung des Stifters, eine magische Formel und ein Klostersiegel. In seltenen Fällen findet sich dort auch der Handabdruck des Lama, der die rituelle Einweihung des Bildes vollzogen hat. Erst mit der Weihe wurde der Thangka zum Kultbild.

Die indische Mission

Berichte über die Mission Mahindas auf die Insel Lanka
(vgl. S. 61) sind ein Indiz dafür, dass die buddhistische
Lehre spätestens im 3. Jahrhundert v. u. Z. über die
Grenzen des heutigen Indiens hinausgetragen wurde.
Klarere Belege für diesen zeitlichen Ansatz liefern die
Felsedikte des Kaisers Ashoka an mehreren Fund-
stätten in Pakistan und Afghanistan. In beiden Ländern
entstanden bald darauf bedeutende buddhistische
Zentren, nämlich Gandhara und Bamiyan. Sie liegen
am Fuß der jahrtausendealten Passstraßen über das
›Dach der Welt‹.

Die buddhistische Mission nach Südostasien ging
dagegen von den Küsten im Osten und Süden Indiens
aus. Handelsschiffe brachen wohl schon um die Zeitenwende von Kalinga (Orissa) und Andhra auf, doch allem
Anschein nach wurden in dieser frühen Zeit noch keine Kenntnisse von der buddhistischen Lehre vermittelt. Die Verbreitung indischer Kultur bereitete aber
den Nährboden für die Aufnahme des Buddhismus.

Im 5. Jahrhundert u. Z. tauchen Buddha-Bildnisse
auf den Inseln Indonesiens auf, und es liegen nun auch
Zeugnisse für die Verbreitung des Hinayana in Burma
vor. Während der spätere Aufschwung des Buddhismus in Hinterindien eher von den Interessen der eingewanderten Thaivölker bestimmt war, erhielt Indonesien
noch jahrhundertelang direkte Inspiration aus der
Heimat Buddhas. Im 7. Jahrhundert sind hier sowohl
Hinayana als auch Mahayana schriftlich bezeugt, später auch, vor allem auf Sumatra, das Tantra. Wichtige
Impulse lieferte das Kloster Nalanda im indischen
Bihar (vgl. Abb. S. 87), denn das dort regierende Kö-
nigshaus der Pala-Dynastie (770–1095) betrieb regen
Seehandel mit der indonesischen Inselwelt. Allerdings
war es eher die Oberschicht Javas, die vom Buddhismus geprägt war; im Volk florierten Ahnenkult und
Shivaismus. Als mit dem Untergang der Palas die Kon-
takte abrissen, wurde Indonesien religiös von hinduis-

Der Buddhismus in Zentral- und Ostasien

551–479 (?) v. u. Z.	Konfuzius
um 300	Lao-tse
1. Jahrhundert	Kushanas in Indien übermitteln die buddhistische Lehre nach Zentralasien
ca. 50 u. Z.	Buddhismus in China
ab 2. Jahrhundert	Buddhismus in Zentralasien; wichtige Texte ins Chinesische übersetzt
220	Untergang des Han-Reiches in China
224	Aufstieg der Sassaniden (Iran) behindert Handel zwischen Indien und dem Westen, Verlagerung nach Ost- und Südostasien
ab 3. Jahrhundert	Fremdherrscher im Norden Chinas, sie entdecken den Buddhismus als willkommene Religion zur Abgrenzung gegen China
372–528	Buddhismus von den koreanischen Reichen Paekche, Koguryo und Silla angenommen
4. Jahrhundert	Buddhismus im Norden Chinas Hofreligion unter der Wei-Dynastie (386–535), dann in Südchina und Funan anerkannt
399–414	Faxian bereist Indien
445/446	Buddhisten-Verfolgung in Nordchina
475–530 (?)	Bodhidharma, Gründer der Chan-Schule
552 (538?)	Buddhistische Lehre gelangt nach Japan
573	Buddhisten-Verfolgung in China
581–618	Nord- u. Südchina unter Sui-Dynastie vereint
ab 6. Jahrhundert	In China eigene Schulen
604	Buddhismus in japanischer Verfassung
618–906	Tang-Dynastie, Blüte der buddhistischen Kunst
629–645	Der chinesische Mönch Xuan-zang in Indien
7. Jahrhundert	Erste buddhistische Mission nach Tibet
668–935	Silla bringt die beiden anderen koreanischen Reiche unter seine Kontrolle, Hochkultur des Reiches Großsilla
751	Araber besiegen Chinesen in Westturkestan, Beginn der Islamisierung Zentralasiens
um 775	Erstes buddhistisches Kloster in Tibet
794–1185	Heian-Zeit in Japan
8. Jahrhundert	Tantrismus nach Nepal, über Tibet nach China; in Japan Ausbildung mehrerer Schulen nach chinesischem Vorbild
804	Die japanischen Mönche Saicho und Kukai führen die Tendai- und die Shingon-Schule in Japan ein
Mitte 9. Jahrhundert	Buddhisten-Verfolgung in Tibet
843–845	Buddhisten-Verfolgung in China, Vernichtung der meisten buddhistischen Kulturdenkmäler, in dieser Zeit Besuch des japanischen Mönchs Ennin

Der Buddhismus in Ostasien

935–1392	Koryo-Zeit in Korea, Hochblüte des Buddhismus
10. Jahrhundert	Ostturkestan islamisch
11. Jahrhundert	›Zweite Ausbreitung‹ des Buddhismus in Tibet; Übersetzung der indischen Texte
1039	Mönch Atisha als Missionar nach Tibet
1097	Chan-Buddhismus in Korea
1185–1333	Kamakura-Zeit in Japan, es entsteht eine Vielzahl buddhistischer Schulen
1191	Chan gelangt nach Japan, dort Zen genannt
12./13. Jahrhundert	Japan: Amida-Kult populär
1206–1236	Mongoleneinfälle in Korea
ca. 1215–1220	Mongolen erobern Ostturkestan und Norden Chinas
1222–1282	Nichiren Daishonin in Japan
1279–1368	Mongolen beherrschen das gesamte China
13. Jahrhundert	Tibetische Sakya-pa übernimmt die Führung Tibets unter mongolischer Oberherrschaft
1357–1419	Tsongkhapa, Gründer der tibetischen Gelug-pa
1368–1644	Ming-Dynastie in China, schwere Repressalien gegen Daoisten und Buddhisten
1392	Aufstieg der Yi-Dynastie in Korea, Wechsel zum Konfuzianismus
1576	Mongolen zum Lamaismus bekehrt, sie verleihen im Gegenzug dem Führer des Gelug-Ordens den Titel ›Dalai Lama‹
ab 1603	Tokugawa-Shogunat in Japan, Gründung neuer buddhistischer Schulen nur noch mit staatlicher Erlaubnis
1644–1911	Qing-Dynastie in China, Repressalien gegen Buddhisten noch verschärft
1720	Chinesen besetzen Tibet
1769	Japan shintoistisch, Buddhisten-Verfolgung; Nepal hinduistisch
1853	Amerikanische Flotte erzwingt Öffnung des hermetisch abgeschlossenen Japan
1868	Sturz des Tokugawa-Shogunats in Japan, der wiedereingesetzte Kaiser macht Shinto zur Staatsreligion, Buddhisten-Verfolgung
1875	In Japan Religionsfreiheit
1912/1913	Tibet unabhängig von China; Konferenz von Simla
1921	Kommunistische Revolution in der Mongolei, Buddhisten-Verfolgung
1950/1951	Tibet von China besetzt; Beginn der Sinisierung Tibets
1951	Freewood Acres, NJ, USA, Gründung einer ersten Gemeinde der Gelug-pa

1959	14. Dalai Lama flieht nach Indien
1966/1967	Zahlreiche tibetische Klöster während der chinesischen Kulturrevolution zerstört, Mönche in den Laienstand versetzt
1987	In Tibet friedlich demonstrierende Mönche von chinesischen Truppen angegriffen, nach einer Phase der Lockerung erneut Repressalien gegen den Lamaismus
2007	Der Dalai Lama zu Besuch bei Kanzlerin Angela Merkel
2008	Erneut Ausnahme-Zustand in Tibet

tisch-buddhistisch-animistischen, kurzum: synkretistischen Lehren bestimmt, die ab dem 14. Jahrhundert durch den Islam verdrängt wurden. Insgesamt scheint die Mission nach Südostasien kaum Einfluss auf den Fernen Osten genommen zu haben; es gibt gar, von Vietnam abgesehen, keine geografischen Berührungspunkte der beiden großen Entwicklungslinien des Buddhismus.

Die Weichen für die Ausbreitung der Lehre nach Norden wurden um die Zeitenwende im Reich der Kushanas gestellt, deren Einfluss nicht nur den Norden Indiens und Teile Afghanistans, sondern auch Gebiete jenseits des Karakorum-Gebirges erfasste (vgl. S. 167). Innerhalb dieser weiten Grenzen war ein vielfältiger Kulturaustausch möglich, Manichäismus und nestorianisches Christentum entwickelten sich neben dem Buddhismus, der in Zentralasien sowohl in der Form des Hinayana als auch des Mahayana bekannt wurde. Das Mahayana bewies allerdings das größere Durchsetzungsvermögen.

Die großen Handelsstraßen, die Gandhara und Afghanistan durchzogen, hätten an sich auch eine Ausbreitung des Buddhismus nach Westen ermöglicht, doch setzte der Aufstieg der nationalistischen, allem Fremden gegenüber skeptisch eingestellten Sassaniden (3.–7. Jahrhundert) im Iran dem jahrhundertealten transkontinentalen Austausch zwischen Ost und West ein Ende. Umso dynamischer entwickelte sich der Handel über

Bronzeskulptur des Akshobhya gefertigt im nordindischen Bihar gefunden auf Java, Indonesien Bronze, 8./10. Jahrhundert

die Gebirgspässe nach Turkestan. Die Oasen entlang der Routen avancierten aus bloßen Umschlag- und Versorgungsplätzen zu prunkvoll ausgestatteten Kulturzentren. Hier entstanden über Jahrhunderte bedeutende buddhistische Höhlendenkmäler mit erlesenen Wandmalereien. Vorbild für das Kunstschaffen waren Gemälde und Kleinplastiken, die Mönche aus Indien in ihrem Gepäck mitführten. Die Missionare brachten aber vor allem auch ihre heiligen Schriften mit, die an den neuen Stätten der Gelehrsamkeit in alle damals gebräuchlichen Sprachen der Region übersetzt wurden.

So gelangte der Buddhismus schließlich auch zu den östlichen Endpunkten der Handelsstraßen, also nach China. Die Buddhisten Chinas führen den Kontakt mit der neuen Religion allerdings auf einen ihrer Kaiser zurück. Um das Jahr 65 soll dieser Herrscher in einem Traum die Weisung erhalten haben, buddhistische Missionare aus Zentralasien in seine Hauptstadt Luoyang zu holen. Die Legende ist eine Fiktion späterer Generationen, die Datierung aber dürfte in etwa korrekt sein: Im China der Späteren Han-Zeit (9–220) besaß man Kenntnis von den buddhistischen Stätten in Zentralasien und empfing auch erste Missionare aus Indien, ohne ihnen freilich noch große Beachtung zu schenken. Allerdings wurden schon bald buddhistische Texte ins Chinesische übersetzt, wenngleich nicht wortgetreu.

Händler an der Seidenstraße. Chinesische Glasurplastik der Tang-Zeit (608–918)

In Dunhuang, dem nordwestchinesischen Endpunkt der zentral-asiatischen Seidenstraße, bieten die berühmten Mogao-Grotten ein unvergleichliches Ensemble buddhistischer Malerei und Skulptur.

Dies lag zum einen an den Lesegewohnheiten, welche die Übersetzer auf Stilmittel der heimischen Literatur zurückgreifen ließen, zum anderen schlicht daran, dass viele abstrakte Begriffe der buddhistischen Lehre im Chinesischen keine Entsprechung hatten. Ein eigenes Vokabular musste entwickelt werden, teils nahm man aber auch daoistische Termini (s. u.) auf.

Im 4. und 5. Jahrhundert machten sich namhafte indische Missionare auf den Weg nach China, unter ihnen Kumarajiva (344–413), der Texte des Mahayana, darunter das für Ostasien so wichtige *Lotos-Sutra,* neu und authentisch übersetzte. Zugleich brachen chinesische Pilger auf – als bekannteste Faxian (reiste 399–414), Xuan-zang (reiste 629–645) und I-ching (reiste 671–695) –, um die Wirkungsstätten Buddhas persönlich zu sehen und in der Heimat des Meisters die Lehre zu studieren. Nach ihrer Rückkehr machten sie sich als Kommentatoren verdient und stärkten mit ihrem fundierten Wissen die heimischen Schulen des Buddhismus, die ihrerseits Korea und Japan beeinflussten.

Mit dem Vormarsch des Islam endete die Ära des Handels zwischen Indien und seinen asiatischen Nachbarn. Auch der fromme Pilgerstrom aus China riss in dem Maße ab, wie der Buddhismus in seinem Heimatland an Bedeutung verlor.

Der Daoismus sieht im Yin-Yang ein universales Grundmuster, das im Makro- wie im Mikrokosmos wirkt.

Chinesischer Hausaltar. Buddha Amitabha beherrscht zurückgesetzt die vielfigurige Komposition. Feuervergoldete Bronze, datiert 584

Buddhistische Synthesen mit den Religionen Chinas

Die Begegnung mit China stellte für den Buddhismus die wohl größte Bewährungsprobe in seiner Geschichte dar, denn hier traf die Lehre zum ersten Mal auf eine ihr spirituell ebenbürtige Hochkultur. So dauerte es Jahrhunderte, ehe der Buddhismus im Reich der Mitte Verbreitung fand. Die Chinesen vermochten dem fremden Erlösungsweg anfangs wenig abzugewinnen. Betrachtete Indien das Weltgeschehen als einen ewigen, leidvollen Kreislauf, so war China traditionell ganz auf das Diesseits bezogen, legte Wert auf exakte Geschichtsschreibung und zeigte sich einem linearen historischen Denken verpflichtet, dem alle Vorstellungen von einer Erlösung aus zyklischen Abläufen fernlag.

So erklären sich auch die meisten Einwände, die in China jahrhundertelang gegen den Buddhismus vorgebracht wurden. Die buddhistischen Mönche leisteten für das Wohlergehen des Staates keine erkennbaren Dienste, sie rangen sich nicht einmal zu produktiver Arbeit durch und bezogen politisch keine klare Stellung. Also galten sie als gefährlich wankelmütig. Vor allem aber verweigerten sie sich dem in China so bedeutenden, mit dem vorherrschenden Geschichtsbewusstsein eng verknüpften Ahnenkult, von dessen Pflege – vermeintlich – die Geschicke der Allgemeinheit abhing.

Im Alten China glaubte man an den Dualismus eines weiblichen *(yin)* und eines männlichen *(yang)* Prinzips, der in jedem makro- und mikrokosmischen Prozess wirke. Die Einheit der beiden bilde das *dao* (auch *tao;* ›Weg‹, ›Lehre‹), eine allumfassende Ordnung. Stets ging es im vorbuddhistischen China um die Vereinigung von Polaritäten im Sinne des höchsten Dao, um Ausgleich zwischen Widerstrebendem, Gegensätzlichem im

Daoismus: Über Lao-tse, den Gründer des Daoismus, ist nur wenig bekannt. Während man ihn früher für einen Zeitgenossen des Konfuzius hielt, geht man heute eher von Lebensdaten um 300 v. u. Z. aus. Seine Geburtslegende, die eventuell aus Indien übernommen wurde, ähnelt der des Buddha, sodass die beiden Gestalten in China oft gleichgesetzt wurden. Lao-tse war ein Mann des Südens, ein Mystiker eher, der in Opposition zu dem im Norden beheimateten Moralisten und Rationalisten Konfuzius stand. Dao, das höchste Ziel, erklärte er als eine mystische Größe und nicht, wie Konfuzius, als eine Willensoffenbarung des Himmels. Die letzte Realität ist für Lao-tse intellektuell nicht erfassbar, sondern nur persönlich erlebbar. Das Einfügen in diese Ordnung ist *de*. Es beinhaltet vor allem ein einfaches Leben im Einklang mit der Natur und wendet sich damit gegen den in der alten Reichslehre zum himmlischen Willen erklärten Staatsapparat. Statt um Sittlichkeit und Pflicht bemüht zu sein, solle man *wuwei* (›Nichthandeln‹) üben, das bedeutet, nichts wider die Natur tun.

Konfuzianismus: Auf Konfuzius (551–479 v. u. Z.) zurückgehende Lehre, die vom Menschen ein dem Dao gemäßes Verhalten sowie Pietät gegenüber dem Älteren und dem Ranghöheren fordert. Als Ideal steht der edle Mensch, der Tugend und Bildung besitzt. Der Konfuzianismus erlebte seinen Durchbruch in der Han-Zeit (ab 206 v. u. Z.), als man auch damit begann, die Person des Konfuzius zu verehren. Kultobjekt war zunächst eine Ahnentafel des Meisters, später, etwa ab dem 13. Jahrhundert, sein Bildnis, das nach der Vorlage des Buddha gestaltet wurde. Dieser Umstand sorgte im Westen für einige Verwirrung, sodass die an sich sehr unterschiedlichen Lehren des Konfuzianismus und des Buddhismus gelegentlich miteinander verwechselt wurden. 1906 erhob man in China Konfuzius offiziell in den Rang einer obersten Gottheit.

Sinne eines letzten Monismus. Als besonders erstrebenswert galt es, das Dao des Menschen mit dem des Himmels in Einklang zu bringen. Dies erwartete man von einem tugendhaften Kaiser, der als Vermittler zwischen Diesseits und Jenseits, Himmel und Erde angesehen wurde. In dieser Vorstellungswelt bestimmte pietätvolles Handeln, die Ehrfurcht vor dem Ranghöheren und Älteren das Sozialwesen und die Haltung gegenüber den Ahnen. Selbstverständlich brachte solches Gefüge einen ausgeprägten Ritualismus hervor. Die kultischen Handlungen auch Tier- und sogar Menschenopfer umfassend, standen im denkbar größten Kontrast zum Buddhismus.

Farbig gefasste daoistische Stele, die den vergöttlichten Lao-tse darstellt, aber verschiedene Eigenarten der buddhistischen Kunst (Lotossitz, Lotosnimbus) in ihrer Ikonografie aufgenommen hat. Chinesische Steinskulptur, datiert 583

Der Daoismus weist etliche, teils aber nur scheinbare Parallelen zum Buddhismus auf, etwa die Tendenz zu Meditationsübungen und -techniken (Atemregulierung) oder die Betonung der Stille als Medium des Dao. Eben aufgrund dieser Parallelen konnten Begriffe der daoistischen Lehre für die Übersetzung buddhistischer Texte verwendet werden. Diese Oberflächennähe half dem Buddhismus in China über seine Anfangsschwierigkeiten hinweg, erwies sich für eine profunde Rezeption aber als hinderlich. So wollten die Daoisten, zunehmend von magischem und alchimistischem Denken beseelt, im Buddhismus etwa eine revolutionäre Methode der Lebensverlängerung erkennen.

Dem Spannungsfeld zwischen Missachtung und Missverständnis entrann die buddhistische Lehre erst mit gewissen politischen Veränderungen am Ende der Han-Zeit (202 v. u. Z.–220 u. Z.), als Nomadenvölker den Norden Chinas überrannten und im Buddhismus eine spirituelle Hilfsmacht gegen die bisweilen überheblich auftretende chinesische Kultur, gegen Daoismus und Konfuzianismus suchten und fanden. Unter der Wei-Dynastie (386–535) erlangte der Buddhismus erstmals in China überragende Bedeutung. Im Süden des Landes, den die ›Barbaren‹ des Nordens nicht erreicht hatten, erwachte unterdessen das Interesse an den philosophischen und metaphysischen Aspekten der fremden Lehre, und bald verstand man, dass sich hier neue spirituelle Perspektiven und Dimensionen eröffneten.

Frühes chinesisch-buddhistisches Manuskript. Jede der senkrechten Zeilen wird durch zwei Buddha-Darstellungen illuminiert.

Diese Entwicklung zerstörte die ehemalige Eintracht zwischen Buddhisten und Daoisten. Noch stärker war das Verhältnis zum Konfuzianismus belastet. 445/446 initiierte ein konfuzianischer Minister im Norden die erste Buddhisten-Verfolgung in China. Wenige Jahrzehnte später eskalierten die Auseinandersetzungen abermals, als ein Kaiser des Südens den Buddhismus zur Staatsreligion erhob und daoistische Klöster und Tempel zwangsweise schloss. Im Volk trugen diese Wirren zu einer gewissen Orientierungslosigkeit und zur Ablehnung des am Hof gepflegten Buddhismus bei. Jedenfalls wurde die Lehre reduziert auf einen naiven Glauben an den Erlöser Maitreya und sie mischte sich mit Elementen von Ahnenkult und Schwarzer Magie.

Durch den Kontakt, den zunächst der Norden und seit der Tang-Zeit (618–906) das gesamte China mit Zentralasien und Indien pflegte, gelangten immer mehr buddhistische Texte ins Land. Es entstanden heimische Schulen, die weitgehend indischen Vorbildern folgten oder eine der indischen Schriften zum Kern ihrer Doktrin erhoben. Die Lüzong-Schule etwa sah ihre höchste Aufgabe in der strikten Einhaltung der alten Mönchsregeln, während die von Xuan-zang begründete Wei-chi-Schule sich mit eher philosophischem Anspruch dem indischen Yogacara anlehnte. Neben dem Chan-Buddhismus, der gesondert betrachtet werden soll (vgl. S. 153ff.), sind noch zwei weitere Schulen, Tientai und Jingtu, von Bedeutung. Für beide stand das Seelenheil der Mönche hinter dem Wohl der Allgemeinheit zurück. Das Tientai berief sich auf das schon erwähnte *Lotos-Sutra* und versprach in diesem Sinne allen Menschen Erlösung; in jedem einzelnen sei eine Buddha-Natur verborgen, die man nur fördern müsse. Zwischen Diesseits und Jenseits, Realität und mystischen Vorstellungen sah das Tientai keinerlei Widerspruch, vielmehr eine vollkommene Einheit, deren heilsame Kraft man durch Meditation erfahren könne.

Chinesische Votivtafel. Im Bildzentrum eine dreistöckige Pagode, chinesische Form des Stupa, mit darin sitzenden Buddha-Gestalten. Die Szene verweist auf den elften Abschnitt des *Lotos-Sutra,* wonach dem historischen Buddha bei seiner letzten Predigt ein Stupa mit einem seiner legendären Vorgänger im Innern erschienen sein soll, neben dem Buddha schließlich im untersten Stockwerk Platz nahm. Tontafel aus der Nähe von Xian, datiert 650 oder 656

Bodhisattva-Kopf aus weißem Marmor im chinesischen Stil der Tang-Zeit. Gefunden bei Xian, datiert um 760

Konfuzius und Lao-tse beschützen den Knaben Siddharta. Chinesische Seidenmalerei, 14. Jahrhundert, eine Allegorie des erstrebten friedlichen Miteinanders der chinesischen Religionen

Das Jingtu, die ›Schule des Reinen Landes‹, hat in China von allen genannten Richtungen die wohl ältesten Wurzeln. Das ›Reine Land‹ ist das westliche Paradies des Buddha Amitabha (vgl. S. 81), dessen Kult sich in Indien nie recht durchgesetzt hat. Die Schule wurde schon um 350 gegründet. Etwa 300 Jahre später waren Amitabha (in China: Omitofo) und der ihn begleitende Bodhisattva Avalokiteshvara (als Kwanyin in China eine weibliche Gestalt) an die Spitze aller Gnadenbringer gerückt. Die Aussicht auf ein Paradies fand deutlich mehr Anklang als das abstrakte Konzept von einem Nirvana. Hinzu kam, dass zur Erlangung des Heilsweges eine simple Praxis empfohlen wurde, die auf die Fehldeutung eines Begriffs bei der Übersetzung eines Sutra zurückzugehen scheint: Um Gnade bei Omitofo zu finden, genüge es, seinen Namen anzurufen.

751 erlitt das mächtige China am Fluss Talas eine ernste Niederlage. Islamische Heere waren bis Westturkestan vorgedrungen, sie besiegten dort die Truppen der Tang-Dynastie und leiteten das Ende des Buddhismus in Zentralasien ein. China isolierte sich und wandte sich im Zuge der Rückbesinnung auf die eigene Kultur

wieder Daoismus und Konfuzianismus zu. Vorerst blieb der chinesische Buddhismus davon unberührt. Die Mönche hatten Macht und Reichtum angehäuft, sie verfügten über Klostersklaven, besaßen große Ländereien und fungierten sogar als Bankiers. Solche Auswüchse buddhistischer Klosterselbständigkeit lieferten konfuzianischen Beamten im 9. Jahrhundert das willkommene Argument, um den Kaiser auf ihre Seite zu ziehen. So kam es in den Jahren 843–845 zu einer großen Buddhisten-Verfolgung, bei der Klöster enteignet, ein Großteil der Mönche und Nonnen in den Laienstand zurückversetzt und fast 45 000 buddhistische Bauwerke zerstört wurden.

Obwohl der Staat später wieder eine gemäßigte Haltung einnahm, hat sich der Buddhismus in China nie mehr von diesem Schlag erholt. Der Konfuzianismus, der inzwischen buddhistische Einflüsse aufgenommen hatte, gewann definitiv die Oberhand. Das Interesse an der buddhistischen Philosophie sank, und es mangelte auch an Geldgebern. Die Dynastien der Ming (1368–1644) und Qing (1644–1911) übten schließlich massive Repressalien gegen den Buddhismus wie auch den Daoismus aus. Ihr ordnungsstaatliches Denken ließ nur noch einen geduckten, willfährigen Konfuzianismus zu.

Als Reaktion auf die Bedrängung Chinas durch europäische Mächte kam es im frühen 20. Jahrhundert zu einer kurzen, eher schwachen Renaissance der Lehre; die Übernahme des Landes durch die Kommunisten ließ dem Buddhismus dann kaum noch Freiraum. Während der Kulturrevolution (ab 1966) wurden zahlreiche buddhistische Stätten systematisch zerstört. So überlebte lediglich ein auf Volksebene angesiedelter Synkretismus, der die Gestalten des buddhistischen Pantheons als Glücksbringer deutet und die Mönche als (bezahlte) Priester bei Totenmessen wie auch als Schicksalsdeuter in Anspruch nimmt.

Über Korea nach Japan

Als sich der Buddhismus in China durchzusetzen begann, stand Korea noch auf neolithischer Kulturstufe. Das Land war geteilt in die Reiche Paekche, Koguryo und Silla; hinzu kam – als Eingangstor fremder Einflüsse – eine chinesische Provinz im Norden. Zwischen 372 und 528 nahmen die drei koreanischen Reiche, in denen bis dahin Geister- und Ahnenkulte verbreitet waren, den Buddhismus nach dem Vorbild der in China ausgebildeten Schulen an. Ihre Blüte erlebte die Lehre, namentlich der Chan-Buddhismus (vgl. S. 157f.), zur Koryo-Zeit (935–1392), in der Korea zu einem Einheitsstaat zusammengeschlossen wurde. Doch gingen im 13. Jahrhundert, als die Mongolen das Land eroberten, die meisten buddhistischen Klöster und Tempel der ersten Phase unter.

Mit dem Aufstieg der Yi-Dynastie ab 1392 folgte Korea abermals der Entwicklung in China und wandte sich dem Konfuzianismus zu. Zwar bekennt sich auch heute noch ein Teil der koreanischen Bevölkerung zum Buddhismus, doch handelt es sich um eine volkstümliche, von Ahnenkulten geprägte Form der Lehre, die wenig Dynamik entwickelt. Eine Ausnahme bildet einzig der karitativ tätige Won-Buddhismus (*won* = ›Kreis‹; Symbol ist ein schwarzer Kreis auf weißem Grund), der Anfang des 20. Jahrhunderts aufkam, in Korea eine größere Anhängerschaft fand, jedoch international ohne Ausstrahlung blieb.

So ist die Bedeutung Koreas für die Geschichte des Buddhismus eher die eines Vermittlers: Von hier aus ging die Mission nach Japan. 552 begaben sich Mönche aus Paekche auf den Weg, um dem Inselreich Kenntnisse von der neuen Lehre zu vermitteln. Die kulturelle Situation Japans ähnelte damals der im Korea des 4. Jahrhunderts, nur hatte das Land, bedingt durch die Insellage, bis dahin noch kaum fremde Einflüsse aufgenommen. Die Kulte um lokale Ahnengottheiten *(kami)*, aus denen schließlich das Shinto hervorging, zeigten feste Konturen.

Shinto: Sammelbegriff zur Unterscheidung der in Japan heimischen Glaubensvorstellungen vom Buddhismus. Die Kulte basieren letztlich alle auf der Naturverehrung, sodass im Shinto oft Berge, Bäume usw. als heilige Stätten gelten. Eine wohl spätere Entwicklung ist die Erweiterung um den in Ostasien weitverbreiteten Ahnenkult. In dem Zusammenhang wurden schon in vor-buddhistischer Zeit Schreine gebaut, in denen die jeweiligen Dorfgemeinschaften ihre Gottheiten (Kami) verehrten.

Nach Auffassung des Shinto verdankt die Welt ihr Entstehen den Stammeltern Izanagi und Izanami, von denen auch die Götter gezeugt wurden. Auf den Enkel des Sonnengottes Amaterasu soll die Gründung des japanischen Reiches zurückgehen. Der erste *tenno* (Kaiser) Japans wird ebenfalls in direkter Linie auf Amaterasu zurückgeführt, es besteht also im Shinto keinerlei Widerspruch zwischen Diesseits und Jenseits.

Zunächst freilich waren den führenden Schichten die mit dem Buddhismus verbundenen kulturellen Errungenschaften willkommen. Prinz Shotoku (574–622) nahm die Lehre sogar in die Verfassung auf. Kurz darauf, im Jahre 607, schickte Japan eine erste Gesandtschaft an den chinesischen Hof. Daraus entwickelte sich ein Brauch, der bis 838 fortgesetzt wurde. Er gewährleistete, dass in dieser kulturell so bedeutsamen Epoche regelmäßig buddhistische Mönche und Künstler zwischen beiden Ländern wechselten.

Während der Nara-Zeit (710–784) bildeten sich aufgrund dieses Austauschs sechs buddhistische Schulen heraus: Hosso, ein Ableger des chinesischen Wei-chi (vgl. S. 145); Ritsu, eine japanische Dependance des Lüzong (vgl. S. 145); Kusha, angelehnt an die indische Yogacara-Lehre (vgl. S. 89); Sanron, eine Madhyamika-Schule (vgl. S. 84f.); Jojitsu, das der Hinayana-Richtung der Sautantrikas folgte; Kegon, welche die Verehrung des Buddha Vairocana mit der shintoistischen Idee eines göttlich inspirierten Kaisers an der Spitze des zentralistisch regierten Staates verband. In allen Fällen waren es indes eher Teile oder Aspekte der jeweiligen chinesischen bzw. indischen Lehre, die bei der Bevölkerung Japans besonderen Anklang fanden, insbesondere die Anweisungen zu Meditation, Magie, Askese und Barmherzigkeit.

Ende des 8. Jahrhunderts hatten die Mönche dieser allesamt in Nara angesiedelten Schulen so sehr an politischer Bedeutung gewonnen, dass der Kaiser beschloss, die Hauptstadt nach Nagaoka und 794 nach Heian (heute: Kyoto) zu verlegen. Tatsächlich wurde damit der Einfluss der sechs Schulen gebrochen, doch wenig später gründeten die Mönche Kukai (774–835) und Saicho (767–822) im Anschluss an eine Chinareise

Mönch der Kegon-Sekte, im Baumgeäst meditierend, wie es der naturnahen Praxis der Kamakura-Zeit (1185–1333) entsprach. Japanisches Rollbild, 14. Jahrhundert

zwei neue Schulen, die noch einflussreicher werden
sollten: Das tantrische Shingon erlangte vor allem dadurch Bedeutung, dass mit der Auslegung der heimischen Götter als Inkarnationen Buddhas erstmals die für
die Stabilität des Landes so wichtige Synthese zwischen
Buddhismus und Shinto Gestalt gewann; die Tendai-
Schule (benannt nach dem chinesischen Tientai) mit Sitz
auf dem Berg Hiei bei Kyoto demonstrierte ihrerseits
besonders starkes machtpolitisches Interesse, brachte
ein Soldatenmönchtum und mehrere untereinander
verfeindete Sekten hervor, zettelte Kampagnen gegen
andere Schulen an und führte sogar kriegerische Auseinandersetzungen mit der Staatsmacht selbst.

Die unsicheren Zeiten ab Mitte des 11. Jahrhunderts,
die erst mit der Kamakura-Epoche (1185–1333) in ein
neues, dynastisch reguliertes Stadium übergingen,
brachten nicht nur dem Zen (s. u.), sondern auch einer
buddhistischen Bewegung Zulauf, die schon in China
ihrer Einfachheit und Klarheit wegen geschätzt war

nämlich dem Kult des Buddha Amitabha
(in Japan: Amida). Da es unter den ge-
gebenen Zeitzeichen als unmöglich galt,
aus eigener Kraft den irdischen Verstrickungen zu entkommen, vertraute man
sich ganz der Gnade des Amida an. Die
Hoffnung lag auf einer Wiedergeburt im
›Paradies des Westens‹. Nachdem der
Kult zahlreiche Sekten hervorgebracht
hatte, gründete Genku (genannt: Honen
Shonin, 1133–1212) eine vereinigte Ami-
da-Bewegung für Laiengläubige, die sich
Jodo-shu (›Schule des Reinen Landes‹)
nannte. Ihr Ritual, das unter der Voraussetzung von unbedingtem Glauben und
reinem Herzen den Weg ins Paradies
öffnen sollte, bestand in der unermüdli-
chen Anrufung des Amida: *Namu Amida
Butsu* (›Verehrung dem Buddha Amida‹).

Fugen (im indischen
Raum als Samantha-
bhadra bekannt), wurde
als Bodhisattva der
höchsten Weisheit be-
sonders von der Tendai-
Sekte verehrt. Japani-
sche Holzskulptur mit
Resten von Goldmalerei,
12. Jahrhundert

Der japanische Ordens-
gründer Nichiren mit Ge-
folgschaft auf der Suche
nach einem geeigneten
Tempelstandort. Ausschnitt
aus einem japanischen
Rollbild des 15. Jahrhun-
derts

Genkus Schüler Shinran Shonin (1173–1263) refor-
mierte noch einmal die Lehre: Seine Jodo-shin-shu
(›Wahre Schule des Reinen Landes‹) stellte an die Na-
mensanrufung des Amida keine direkten Erwartungen
mehr, sondern fasste sie als Dank an den Buddha auf.
Den Anhängern wurde empfohlen, an ihrem weltlichen
Leben nichts zu verändern, sich jedem gewünschten
Beruf zuzuwenden, zu heiraten, von Lehrsätzen, Askese,
Magie und allen Ritualen Abstand zu nehmen und einfach nur mit dem alltäglichen Handeln der Welt und dem
Buddha zu dienen. Diese pragmatische Lehre hat bis
heute die größte Anhängerschaft unter den buddhistischen Schulen Japans.

Kaum weniger erfolgreich war die Bewegung des
Nichiren Daishonin (1222–1282), der ähnlich simple
›philosophische‹ Ansprüche stellte, dabei jedoch deutlich nationale Ziele verfolgte. Beseelt vom Glauben an
eine Endzeit, erachtete er das japanische Volk als
überlegene Rasse, der er durch Verbreitung seiner Lehre
weltweite Geltung verschaffen wollte. Für Nichiren war
das – nach seiner Ansicht vom historischen Buddha
selbst verfasste – Lotos-Sutra (japanisch: Myoho-
renge-kyo) die bedeutendste aller Lehrschriften, doch
hielt er die Lektüre für so schwierig, dass seine Zeitgenossen das Werk nicht mehr verstehen könnten. Er

Der Bodhisattva Jizo, hier als buddhistischer Wandermönch mit Bettelstab und dem Zauberjuwel Tama in der Linken, gilt dem japanischen Buddhismus als Schützer der Kinder und Frauen. Im indischen Raum war Kshitigarbha Schutzherr der Wandermönche und der in den Höllensphären Schmachtenden. Überlebensgroße farbig gefasste Holzskulptur, datiert 1665

behauptet aber, die Lehre des Textes sei bereits in seinem Titel enthalten, sodass es für den Heilsweg genüge, das *Namu-Myoho-renge-kyo* (›Verehrung dem Lotos-Sutra‹) wiederholt zu rezitieren. Zweifellos vermag ein solches Ritual tranceähnliche Zustände hervorzurufen, doch mutet es seltsam an, dass Nichiren zugleich ein scharfer Gegner des Amida-Buddhismus war, der sein Heil doch lediglich in einer anderen Formel und ihrer Wiederholung suchte. Diese Aggressivität und auch der fanatische Versuch, den Staat für seine Ziele zu gewinnen, führten schließlich dazu, dass über Nichiren das Todesurteil verhängt wurde. Er entkam der Vollstreckung und verbrachte den Rest seines Lebens in einem Kloster am Fuße des Fuji.

Die Angst vor einem zu starken buddhistischen Klerus blieb über die nächsten Jahrhunderte erhalten und führte unter Oda Nobunaga (1534–1582) zu einem Feldzug gegen die Mönche der Tendai-Schule auf ihrem Bergsitz. Zur Zeit des Tokugawa-Shogunats (1603–1868) bedurfte es zur Gründung neuer buddhistischer Schulen sogar einer staatlichen Genehmigung. Die Epoche war geprägt von hermetischer Abschirmung gegen die Außenwelt, denn das Shogunat fürchtete nicht nur interne Mächte und neue Bürgerkriege, sondern nun auch Übergriffe und diplomatische Schachzüge der Portugiesen. 1853 erzwang ein amerikanischer Flottenverband die Öffnung Japans für den Handel. 1868 folgte die Wiedereinsetzung des Kaisers, der das Shinto zur alleingültigen Religion erklärte. Dieser Erlass wurde sieben Jahre später aufgehoben, und seither findet auch der Buddhismus wieder neue Anhänger, wenngleich während des Zweiten Weltkriegs ein neuer Versuch unternommen wurde, das Shinto gewaltsam durchzusetzen.

Der aufkeimende Nationalstolz, der Anfang des 20. Jahrhunderts mit der Industrialisierung und dem Aufstieg Japans zur Handelsmacht einherging, brachte insbesondere die Schule des Nichiren in Erinnerung. Es entstanden mehrere Sekten, die mit Versatzstücken der buddhistischen Lehre eine meist recht bescheidene Doktrin aufbauten. Einige von ihnen standen in zweifelhaftem Ruf. So war die 1914 gegründete Kokuchukai in den 1939er-Jahren in politische Morde verwickelt, welche die japanische Regierung zur bedingungslosen Expansionspolitik im Namen des Buddhismus zwingen sollten, während die Soka Kyoiko Gakkai auf Grund ihrer rigiden Werbungsmethoden berüchtigt war. Beispielsweise drohte sie Familien, denen ein Unglück widerfahren war, mit weiterem Unheil, falls sie nicht der Vereinigung beiträten.

Mittlerweile verfolgen die meisten Nichiren-Sekten allerdings pazifistische Ziele, etwa die nunmehr weltweit tätige Soka Gakkai International (SGI), die in verschiedenen Kulturinstituten Ausstellungen, Konzerte oder Vorträge anbietet. Die äußerst erfolgreiche Mission der SGI (vgl. S. 191) verknüpft historische Ungenauigkeiten und philosophische Vagheiten mit einem simplen, leicht zugänglichen Rezitationsritual. Dieser wohlfeile Buddhismus, von dem sich auch Medienprominenz (etwa die Sängerin Tina Turner) angezogen fühlt, steht immer an der Schwelle dazu, politisch oder wirtschaftlich mit der Verführbarkeit des Menschen zu kalkulieren. Damit ist ein Extrem erreicht, das sich kaum weiter von der Lehre des historischen Buddha entfernen kann.

Vom Chan zum Zen

Der Chan-Buddhismus führt seine Gründung auf eine – möglicherweise mythische – Gestalt namens Bodhidharma zurück, einen Inder, der im 6. Jahrhundert nach

China gereist sein soll, um dort Meditation (*dhyana;* chinesisch: *chan;* japanisch: *zen*) zu unterrichten. Eine eigenständige Schule, in der sich Elemente des Daoismus, der Prajnaparamita und des Yogacara finden, brachte aber erst der Meister Hui-neng (637–713) hervor. Sie basiert auf der Annahme, dass alle Geschöpfe unerweckte Buddhas sind. Dies in einer Erwachung (japanisch: *satori*) als Wahrheit zu erfahren ist Ziel der Chan-Lehre. Dazu waren – wohl schon zu Hui-nengs Zeit – vier Grundsätze formuliert worden, die bis heute Gültigkeit haben:

Die Übertragung der Erfahrung findet außerhalb der Schriften statt. Dieser Gedanke existiert bereits im Tantra, erhält aber im Chan eine neue Qualität. Das Satori-Erlebnis, so heißt es hier, war auch für Buddha ein plötzliches Ereignis, ein jäher Kontakt mit der Realität des Kosmos. In seinen Reden versuchte er, die Erfahrung bildhaft zu machen. Als seine Äußerungen später zum Objekt wissenschaftlicher Studien wurden, begannen die Interpretationen das spontane Erleben zu überlagern. So lehnt das Chan die deutenden Schriften wie auch alle daraus abgeleiteten Praktiken ab. Es formuliert damit den Protest gegen eine Gelehrsamkeit, die in der Tat häufig zur Überheblichkeit wurde. In spektakulären Aktionen, so dem öffentlichen Verbrennen hölzerner Buddha-Statuen, suchten Chan-Mönche ihren Zeitgenossen die Belanglosigkeit des Rituals zu demonstrieren. Was einzig zähle, sei die Wirklichkeit des Augenblicks. Eine Zen-Anekdote bringt das Anliegen auf den Punkt: Kaiser Butei bittet den Meister Fudaishi, im Palast eine Vorlesung über ein Sutra zu halten. Fudaishi geht ans Pult und schlägt lediglich mit seinem Stock auf die Tischplatte.

Der buddhistische Patriarch Hui-neng zerreißt die Sutras, um die schriftenversessene Gelehrsamkeit seiner Zeitgenossen (7./8. Jahrhundert) anzuprangern. Japanische Hängerolle, 13. Jahrhundert

Erquickendes Erwachen
aus der nächtlichen
Buddha-Besessenheit.
Auch diese Tuschmalerei
des Zen-Meisters Sengai
(1750–1837) beharrt im
Sinne des Zen auf dem
spontanen Weg zur Bud-
dha-Erfahrung und ver-
steht die bloße Belehrung
eher als Hindernis denn
als Förderung der Selbst-
erwachung. Wie es Sengais
kommentierende Bei-
schrift zur Linken formu-
liert: »Die Nacht hindurch
wurde ich gepeinigt von
Gedanken an Nirvana
und Samsara. Ach, wie
ermattend war der Traum.
Kein Zweifel, ich war ein
Gefangener Buddhas.«

Soll heißen: Die Erkenntnis lässt alle Begriffe ver-
stummen. Dies führt zum zweiten Grundsatz der Chan-
Lehre: Kein Vertrauen in Buchstaben. Durch die Niederschrift rücken nämlich leere Vokabeln, die bestenfalls
Interpretation, schlimmstenfalls Lüge sind, an die Stelle
der unmittelbaren Erfahrung. Bezeichnenderweise
wurde ja schon in der Frühzeit des Buddhismus dem
gesprochenen und nicht dem geschriebenen Wort
das größere Vertrauen geschenkt. Doch letztlich sieht
Chan auch alles Reden als nutzlos an.

Ersetzt es doch, drittens, den unmittelbaren Bezug
auf den eigenen Geist. Dass alles dualistische Denken
in eine Sackgasse führt, demonstrieren Chan-Meister,
indem sie die meditierenden Schüler mit widersprüchlich oder belanglos klingenden Denkaufgaben (chinesisch: *kungan;* japanisch: *koan*) konfrontieren. Der
Widersinn ist nur scheinbar. Der Fingerzeig gilt – jenseits aller festgefahrenen Gedanken – dem eignen
Geist. Zu erleben, was dieser ›Geist‹ ist – nämlich nicht
Denken, Seele, wissenschaftlich erforschbare Psyche
oder dergleichen –, das ist Inhalt der Chan-Erfahrung.

So ergibt sich als Substrat und als letzter Grundsatz
das Erlangen der Buddhaschaft durch unmittelbare
Schau in die eigene Natur. Denn diese ›Natur‹, die sich

»Ich höre nicht gern das Wort Buddha.«
                    der japanische Zen-Meister Joshu, 9. Jahrhundert

nur durch ein Erkennen und eben nicht durch Anhäufung von Wissen erschließt, ist nicht das, was im Laufe unseres Lebens durch Erziehung, Erfahrung und Wissen heranwächst, sondern die angeborene, uns innewohnende Substanz, die Buddhaschaft, für die unser Auge geöffnet werden muss.

Zur Frage nach dem Weg, der zu diesem Ziel führt, heißt es im *Mumonkan* (›Das Torlose Tor‹, eine der herausragenden Zen-Schriften): »Das Große Dao hat kein Tor. Es gibt unendlich viele Wege, es zu erreichen.« Der enttäuschende erste Satz, der Weg und Ziel zu trennen scheint, wird im zweiten Satz perspektivisch aufgehoben: Chan lehrt keinen bestimmten Weg, sondern belässt jedem Menschen den seinen.

Man muss sich die Anfänge der Lehre vergegenwärtigen, um zu verstehen, dass dies nicht anders sein kann. Schließlich hatten die frühen Meister keinerlei Vorbilder und mussten das planlose Ungewisse, eine Art Umnachtung durchschreiten, um jenseits davon zu einem Ziel zu gelangen. Heutige Lehrer warnen ihre Schüler, dass sie in eine ›lange Nacht des Unbewussten‹ eintreten werden und trügerische, vielleicht sogar krankhafte Stationen des Geistes hinter sich bringen müssen, um Satori zu erfahren. Krasser noch heißt es, dass sie einen Tod im Leben überstehen müssen.

Ein oft genanntes Beispiel für eine Satori-Erfahrung berichtet von dem japanischen Mönch Tokusan: Nach jahrelangen Übungen saß er eines Abends bei Meister Ryotan, der schließlich zu verstehen gab, dass es dunkel werde und Tokusan doch heimgehen solle. Der Schüler machte sich auf, kam aber schon bald zurück, da es bereits zu dunkel war. Ryotan entzündete eine Kerze, doch als Tokusan sie nehmen wollte, blies der Meister sie mit aller Kraft aus. Die unmittelbare Erfahrung von Dunkelheit und Licht, Quelle der Dunkelheit und Quelle des Lichts wurde zu Tokusans Satori-Erlebnis.

Dass dem Laien ein derartiges Ereignis nichtig erscheint, gilt den Chan-Buddhisten als Beleg dafür, dass niemand Satori erlangen kann, ohne sich einer langen, harten Schulung unterzogen zu haben. Mag es auch viele Wege zum Ziel geben, so wurden doch über die Jahrhunderte empirische Erfahrungen gesammelt, die heutige Meister ihren Schülern durch praktische Hinweise vermitteln. Zudem hat sich erwiesen, dass die Schüler unbedingt einige Voraussetzungen erfüllen müssen. Dazu zählen eine bereits vorhandene religiöse Sehnsucht, der feste Wille zu intensiver Suche und Zucht wie auch die Bereitschaft, der Selbstverlorenheit unerschrocken entgegenzublicken.

Die Buddhisten-Verfolgung des 9. Jahrhunderts hat die Chan-Schule weit weniger beeinträchtigt als die übrigen buddhistischen Orden, die im damaligen China verbreitet waren. Dies erklärt sich teils aus der Zähigkeit und dem Gleichmut der Mönche, teils aus der Tatsache, dass die Klöster wirtschaftlich autark waren, weil die Insassen ein Dasein als Bettelmönche verabscheuten und selbst ihre Felder bestellten. Chan errang deshalb gegen Ende der Tang-Zeit vorrangige Bedeutung und wurde erst später durch den Amitabha-Buddhismus überflügelt. Noch aus dem 12./13. Jahrhundert datieren umfangreiche Textsammlungen mit jenen rätselhaften Aussprüchen (Kungan), die den Satori-Erfahrungen der Meister entsprangen und den Schülern als Meditationsaufgabe dargeboten wurden. Der Aufstieg der Ming-Dynastie leitete jedoch den Niedergang der Chan-Schule in China ein. Zwei Einrichtungen, das Kloster Shaolin bei Luoyang und der Tempel von Chengdu, blieben allerdings bis heute bedeutende Chan-Zentren.

Nach Japan gelangte die Lehre im 12. Jahrhundert. Vermittler war der Tendai-Mönch Eisai (1141–1215), der in China Meditation geübt hatte. Die Anfeindungen seiner ehemaligen Klosterbrüder veranlassten ihn, nach Kamakura zu ziehen, wo er unter den Kriegern *(samurai)* sogleich große Beachtung fand. Die Meditationsübungen des Zen traten nämlich aller Zerstreutheit und Aufgeregtheit entgegen. Sie erwirkten damit nicht nur Unge-

Die Auffassungen des Zen-Buddhismus haben in den verschiedensten Kunstformen ihren Niederschlag gefunden, so in den Regeln des Blumensteckens oder der Gartenanlage. Wesentlich ist der Zen-japanischen Ästhetik, das ›Innere‹ aller Gegenstände, Flächen und Kompositionen zu ›äußerer Geltung‹ kommen zu lassen. Dem entspricht eine zeremonielle Ästhetik, die den Beteiligten, z. B. in der Teezeremonie, feste Regeln auferlegt und sie Respekt vor der Eigengesetzlichkeit alles Seienden zu lehren sucht. Der tiefere Sinn: Beim Schöpfer wie beim Betrachter soll der Sinn für die eigene Buddha-Natur, auch sie ein Inneres im Äußeren, erweckt werden.

rührtheit gegenüber dem Tod, sondern stärkten auch das Konzentrationsvermögen. Auf diese Weise ließen sich eigentlich ›unbuddhistische‹ Fertigkeiten wie die ›Kunst‹ des Bogenschießens oder des Schwertfechtens perfektionieren.

Der von Eisai begründeten Rinzai-Schule des Zen stellte später der Mönch Dogen (1200–1253) die Soto-Lehre als Variante gegenüber. Die größere Faszination geht vielleicht von der strengeren Meditationspraxis des Rinzai aus. Die Mönche dieser Schule üben mehrere Stunden am Tag *zazen,* die ›geistige Sammlung im Sitz mit gekreuzten Beinen‹, und führen mit ihren Lehrern *sanzen,* Unterredungen über die Erfahrungen in der Meditation. Diese Gespräche sind besonders schwierig, da hier verlangt wird, nicht formulierbare Erlebnisse zur Sprache zu bringen. Viele Novizen scheuen gerade diese Konfrontation, doch wenn sie Furcht und Nervosität zeigen, müssen sie den Spott der erfahreneren Mönche ertragen. Diese strenge Zucht hat zum Ziel, das Bewusstsein abzustreifen und jenseits davon die Augen für die wahre Natur des Geistes zu öffnen.

Einmal im Jahr, Anfang Dezember, haben sich die Rinzai-Mönche einer besonders harten Schulung zu unterziehen. Es wird dann eine Woche lang Tag und Nacht Zazen geübt. Jede kleinste Bewegung wird mit Stockschlägen gerügt, Gedanken und Bewusstsein sind auszuschalten. Bettruhe ist nicht gestattet; erlaubt sind täglich nur wenige Stunden Schlaf im Lotossitz. Solche extremen Praktiken führen dahin zurück, dass die Erwachung nur von Auserlesenen erreicht werden kann.

Allerdings formulierte Eisai eine für den Westen erstaunlich klingende Feststellung: dass Zen nicht auf den Buddhismus beschränkt, sondern in Wahrheit Kern aller spirituellen Lehren sei. Letztlich kann das nicht verwundern, denn es ist die folgerichtige Umkehrung der Tatsache, dass Zen alle bestehenden Lehren verwirft.

Das chinesische Chan wie auch das japanische Zen übten (und üben) starken Einfluss auf Kunst und Kultur aus. Das lässt sich an der ostasiatischen Malerei und Kalligrafie ebenso ablesen wie an der Teezeremonie, der Kunst des Blumensteckens *(ikebana)* oder der Kunst des Gartenbaus. Aus all diesen Tätigkeiten und Fertigkeiten ergeben sich Inspirationen für das Satori-Erlebnis. Allerdings trat über die Jahrhunderte mit solcher kulturellen Verfeinerung die gelebte, eben nicht vermittelbare Erfahrung in den Hintergrund. Obwohl er als Maler und Kalligraf ebenso berühmt war wie als Dichter, hat gerade der große Zen-Meister Hakuin Ekaku (1685–1768) darauf hingewiesen. Von ihm stammt eines der bekanntesten Koans, mit dem dieses Kapitel schließen soll: »Hörst du den Klang der einen Hand?«

Neben den Koans, jenen Rätseln, an denen alles dualistische Denken zerbrechen muss, hält die Zen-Lehre noch einen umfangreichen Katalog an Gesprächen *(mondo)* aus Frage und Antwort wie auch Gedichten, volkstümlichen Erzählungen und sonstigen Anekdoten bereit. Allesamt sollen sie dazu dienen, dem Schüler die Richtung zu weisen. Einige Beispiele:

Ein Mönch sagt zu dem Zen-Meister Joshu: »Ich habe alles von mir geworfen. Nichts ist mehr in meinem Bewusstsein geblieben. Was sagst du dazu?« Joshu antwortet: »Wirf auch das noch fort.« Der Mönch versteht nicht und wiederholt: »Ich sage dir doch, es ist nichts zurückgeblieben. Was soll ich da fortwerfen?« Joshu gibt zur Antwort: »Dann musst du es weiter tragen.« Der Sinn: Der Mönch ist auf dem falschen Pfad, weil er mit seiner geistigen Errungenschaft prahlt. Er soll sich von diesem Stolz trennen, doch da er nicht versteht, muss er weiter mit der Bürde leben.

Ein Affe klammert sich mit einer Hand an einen Ast, der über ein Gewässer hängt, in dem sich der Mond spiegelt. Mit der anderen Hand sucht er »im Wasser nach dem Mond, unaufhörlich bis zum Tod. Lässt er los, wird er in der tiefen Quelle untergehen. Das Licht in den zehn Richtungen ist strahlend rein.« Der Sinn: Solange man die Wahrheit als ein Ding sucht, das getrennt von einem selbst existiert, kann man sie nicht greifen. Erkenntnis besteht dort, wo man begreift, dass die Wahrheit das Jetzt und Hier ist.

Schließlich ohne Deutung noch ein leichter zugängliches Gedicht: »Die Kiefer hat ein Leben von tausend Jahren, die Winde blüht nur einen Tag – und doch haben beide ihr Schicksal erfüllt.«

Ein Affe sucht im Wasser nach dem Mond, der sich doch nur spiegelt. Tuschmalerei des Zen-Meisters Hakuin Ekaku, 18. Jahrhundert

Die frühe Architektur

Der Legende zufolge wurde Buddhas Asche nach einem Reliquienstreit unter acht Erdhügeln beigesetzt (vgl. S. 24). Kaiser Ashoka (regierte ca. 268–232 v. u. Z.) ließ jedoch, so heißt es weiter, sieben dieser Hügel aufbrechen, um über den sterblichen Überresten des Meisters im gesamten Reich 84 000 Stupas zu errichten (vgl. S. 54). Die Symbolzahlen (8 und 84 000) lassen allerdings gewisse Zweifel an den Berichten aufkommen. Jedenfalls sind von den Grabstätten der Maurya-Zeit kaum Spuren erhalten geblieben. Wo es sich um Lehmhügel handelte, konnten diese die Jahrtausende allerdings auch kaum überdauern. An bedeutenden Orten wurden zwar haltbarere Materialien eingesetzt, doch bedingte hier der fortwährende Pilgerstrom, dass die Denkmäler schließlich durch Überbauung erweitert wurden.

Zwei Stupas im Norden Indiens liefern dennoch interessante Hinweise. Der eine steht in Piprahwa, nicht weit von Buddhas Geburtsort Lumbini. Das flache Ziegelmonument über kreisförmigem Grundriss stammt noch aus der Zeit vor Ashoka und enthielt einen Reliquienbehälter, der die Aufschrift »Buddha« trug. Ein weiterer Stupa in Vaishali, dem angeblichen Austragungsort des zweiten buddhistischen Konzils (vgl. S. 29f.), wurde mehrfach erweitert, doch im Kern-Stupa entdeckten Archäologen tatsächlich eine Einbruchstelle, durch die einst die Reliquie entnommen wurde.

Ashoka ließ die Stupas nicht nur an Wirkorten Buddhas oder an Kreuzungen wichtiger Handelsstraßen errichten, sondern auch an der Stelle von Heiligtümern,

---

Unter Kaiser Ashoka entstand das erste indische Kunstschaffen, das in Harappa erhalten blieb. Bekannt sind vor allem die Ediktsäulen aus poliertem Sandstein, auf denen der Kaiser, einer achämenidischen Idee folgend, die Reichslehre verkündete. Die Kapitelle tragen Symbole des Buddhismus, etwa den Lotos, das Rad der Lehre (ursprünglich ein Sonnenrad) sowie Tierfiguren.

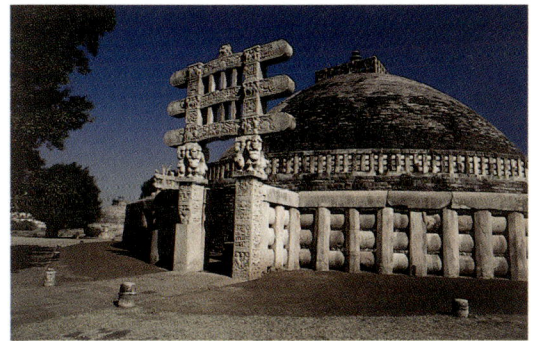

Der berühmte Stupa I
von Sanchi, Mittelindien,
stammt ursprünglich aus
dem 3./2. Jahrhundert v.
u. Z. und ist mit vier reich
skulptierten Torbauten
(toranas) ausgestattet.
Er gehört zu den bedeu-
tendsten buddhistischen
Denkmälern überhaupt

die einer Volksgottheit geweiht waren. So wurden
Muttergöttinnen, Dämonen *(yakshas)* oder Schlangen-
götter *(nagas)* als Schutzgeister in den Kult integriert
und sehr bald auch in die buddhistische Bildsprache
übernommen. Entsprechend enthielten die Reliquienbehälter der Stupas nicht nur Asche bzw. Hinterlassen-
schaften Buddhas (oder bedeutender Mönche), sondern
später auch magische Objekte.

Als Grabmal symbolisieren die Bauten das Nirvana,
jenen unergründlichen, weder mit Worten noch mit
Bildern zu beschreibenden Heilszustand (vgl. S. 48f.).
Wer zum ersten Mal einen Stupa besucht, wird sogleich
spüren, wie sehr gerade dieses abstrakte Denkmal das
Unbeschreibliche verkörpert. Ein Stupa ist weder
Skulptur noch Architektur: Gebildet aus geometrischen
Formen, in denen Vergangenheit und Zukunft der
Menschheitsgeschichte miteinander verschmelzen, ist
die Stätte nicht begehbar, sie lässt sich nur umschrei-
ten, und eben diese rechtsläufige Umwandlung *(pradak-
shina)*, die dem Lauf der Sonne folgt, stellt neben dem
Blumenopfer das wesentliche Ritual am Stupa dar.

Ein weltberühmtes Beispiel für den frühen Typ liefert
Stupa I von Sanchi, ein Bauwerk noch aus der Zeit A-
shokas, das ab ca. 150 v. u. Z. auf den doppelten Radius
erweitert wurde. Der Hauptkörper ist hier nicht mehr
so flach gestaltet wie in Piprahwa, sondern zu einer

Votivstupa. Schiefer-
skulptur aus Gandhara,
Nordpakistan, ca. 3. Jahrhundert u. Z. Charakte-
ristisch für den Regional-
stil Gandharas ist die
Dominanz der krönen-
den Ehrenschirme und
das Volumen der Unter-
bauten, über denen das
Anda erhöht ist.

Halbkugel (anda = ›Ei‹) aufgewölbt. Sie symbolisiert den Kosmos, während der kreisförmige Grundriss das Rad der Lehre versinnbildlicht. Durch die Umwandlung wird dieses Rad um die Weltachse gedreht. Diese verläuft als Pfeiler mitten durch den Stupa und trägt auf dem Scheitelpunkt der Halbkugel mehrere Schirme als Ehrenzeichen bzw. als Symbole der stufenweisen Versenkung. Unter den Ehrenschirmen befindet sich eine quadratische Umzäunung (harmika), die bei einigen Stupas zur Aufnahme der Reliquie diente. Eine auffällige Variante findet sich später in Nepal. Hier erhielt die als Kubus gestaltete Harmika an allen vier Seiten ein aufgemaltes Augenpaar: Buddhas Blick soll also auf den Gläubigen ruhen, die den Stupa umschreiten.

Das Anda (s. o.) erhebt sich auf einem kreisrunden Podest (medhi), wodurch – zusätzlich zum Pfad auf ebener Erde – ein zweiter Umwandlungspfad entsteht. Die beiden Pfade sind von steinernen Geländern umgeben, sodass das Heiligtum gegen die Umwelt abgeschirmt ist. In den Kardinalrichtungen ragen Zugänge wie die Enden eines Hakenkreuzes (swastika) aus dem Rund heraus und ›fädeln‹ gleichsam die Pilger in den korrekten Ritus ein. Dieser ›Stromeintritt‹ (vgl. S. 42f.) führt dann weiter auf eine höhere Ebene, zur Umwandlung auf der zweiten Etage. So geleitet der Stupa von der Welt der Erscheinungen zum Kern der Lehre, von der Grundebene in höhere Sphären; er wird damit zum Sinnbild für den erstrebten spirituellen Aufstieg. Bei späteren Anlagen im Süden Indiens ist der Baukörper nicht massiv ausgeführt, sondern enthält ein von außen nicht sichtbares System von Stützmauern in Form eines Mandala (vgl. S. 112f.), das weitere Bezüge zur Lehre und zum Kosmos herstellt.

Die ›alles-sehenden‹ Augen Buddhas am vergoldeten quadratischen Aufsatz über dem Anda des Stupa von Swayambunath, Nepal. Das Schriftzeichen für die Eins zwischen den Augen wird meist als Symbol für den einen, wahren Weg zur Erlösung gedeutet.

Ein Stupa hatte also nicht die herkömmlichen Aufgaben eines Bauwerks zu erfüllen, sondern war ein monumentales Kultobjekt *(chaitya)* und wurde als solches auch häufig mit einer schützenden Versammlungshalle umgeben. Anfangs waren diese Hallen einfache Rundbauten aus Holz, gelegentlich mit einem vorgelagerten rechteckigen Raum. Die Verknüpfung von Rund und Rechteck rückte den Stupa dann in eine Apsis und bot eine hufeisenförmig angelegte Säulenstellung für die Umwandlung an.

Als Freibauten haben sich nur Chaitya-Hallen späterer Zeit erhalten. Ablesen lässt sich die Architektur ihrer frühen Formung aber an verschiedenen Nachbildungen

Die dreischiffige Chaitya-Halle in Höhle 26 von Ajanta, Mittelindien, frühes 7. Jahrhundert. Die umlaufende Säulenstellung endet in einem Apsis-Heiligtum, einem angedeuteten Stupa mit kolossalem Buddha-Bild. Der eigentlich dem Stupa innewohnende Buddha ist hier also nach außen transponiert.

im Fels, in denen noch Merkmale der Holzarchitektur zu erkennen sind. Die geeignete Landschaft für eine solche Fels- und Grottenarchitektur war der Dekkhan, vor allem die Gegend um Bombay, wo man seit dem 2. Jahrhundert v. u. Z. buddhistische Höhlentempel anlegte. Die älteste Chaitya-Halle in der beschriebenen Apsidenform ist in Bhaja (ca. 50 v. u. Z.) zu besichtigen, bekannter sind jedoch die Höhlen von Ajanta, die später prächtig mit Skulpturen und Wandmalereien ausgestattet wurden.

Neben Stupa und Chaitya-Halle ist als Architekturtyp schließlich noch das *vihara* zu erwähnen, das Kloster also. Bereits Ashoka soll zahlreiche Unterkünfte für Mönche gestiftet haben, doch wie die frühen Stupas und Chaityas blieben auch sie nicht erhalten. Spätere Anlagen zeigen ein Muster, das über Jahrhunderte Gültigkeit hatte, nämlich Reihen bescheiden dimensionierter und ausgestatteter Privatzellen um einen rechteckigen oder auch runden Hof (vgl. Abb. S. 87). Ein großer Versammlungs- und ein Speisesaal ergänzten dieses einfache Schema, das allmählich dadurch abgewandelt wurde, dass man Höfe für unterschiedliche Aufgabenbereiche (Lehrtrakt, Pilgerherberge, Wirtschaftstrakt usw.) aneinanderfügte, im Zentrum eines jeden Hofes eine Kultstätte einrichtete und einige Zellen für Votivstupas oder Buddha-Statuen reservierte.

Von der Dagoba zur Pagode

Mit dem Stupa, wie er sich in Sanchi erhalten hat, war ein meisterliches Sinnbild für das höchste Ziel des frühen Buddhismus geschaffen. Das Ritual der Umwandlung eines symbolhaften Weltzentrums, unter freiem Himmel in hellem Licht vollzogen, ermöglichte dem Gläubigen einerseits die Betrachtung der Natur, die ihn umgab und deren Gesetzen er unterworfen war. Andererseits eröffnete die Pradakshina die innere Schau auf ein Selbst, das Zuflucht zur Lehre nimmt, um Geborgenheit im Kosmos zu finden. Es vereinten sich Schutzbedürfnis und der Wunsch nach spiritueller Entfaltung. Die Chaitya-Halle schlug diese spirituellen Vorstellungen tief in die Felsen. Damit waren die Urbilder der indischen Metaphysik – Berg und Lichtfülle, Grotte und mystische Dunkelheit – in eine erste künstlerische Form gebracht.

Wie die frühe Lehre aber selbst nur einen Pfad für wenige aufzeigte, so blieb auch der vollkommene Einblick in ihre Sinnbilder auf einen kleinen Kreis beschränkt. Bald kam der Wunsch nach konkreteren Anschauungsobjekten auf, und so wurde an Zäunen, Toren und Unterbauten der Stupas wie auch an den gewaltigen Fassaden und im Versammlungsraum der Chaitya-Hallen ein umfangreiches Bildprogramm installiert. Es spiegelt den von uns referierten Wandel der Lehre wider, die von der Eigenverantwortung des Einzelnen abzurücken begann und das Menschenheil bei den Mächten des Jenseits suchte.

Auch in den Ländern des Hinayana trugen die Stupas nun Bildnisse des Buddha. Die architektonische Form selbst mitsamt ihrer Symbolik blieb hier allerdings noch

Zum Klosterbezirk Alahana Parivena gehört die so genannte Milchweiße Dagoba, ursprünglich mit gemahlenen Muscheln verputzt, mit ihrer 26-stufigen Schirmkrone *(chattra)*. Polonnaruwa, Sri Lanka, 12. Jahrhundert. Im Innern der Dagoba sind Reliquienkammern nachgewiesen.

Vor vielen buddhistischen Kultbauten Sri Lankas finden sich Mondsteine *(patika)*: steinerne, halbkreisförmige Schwellen, deren Reliefschmuck (Flammenbänder, Tiere, Pflanzenranken) die Welt mit ihren Grundübeln versinnbildlicht. Indem der Gläubige ins leere Innere tritt, tut er einen Schritt vorwärts auf dem Weg zur Erwachung.

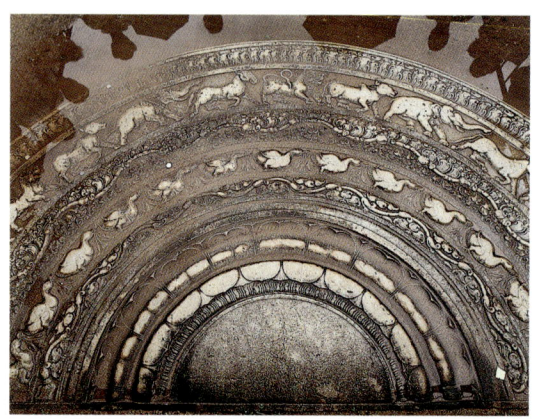

lange traditionell. Die Verknüpfung von Bild und Symbol erklärt sich teils aus dem Wandel des Buddhismus von der Philosophie zur Religion, teils aus den stilistischen und weltanschaulichen Traditionen, die jene Länder von ihren jeweiligen indischen Handelspartnern übernahmen.

Die Dagobas *(dhatu* = Reliquie; *garbha* = Kammer) auf Sri Lanka gehen vom Urtyp aus, sind aber in der Regel größer als die indischen Stupas und auf ansteigende Rundterrassen gehoben. Über vier Treppenaufgänge mit halbkreisförmigen Schwellen, den reich skulptierten ›Mondsteinen‹, gelangt man zum Umwandlungspfad. Am Hauptkörper der Dagoba befinden sich in den Kardinalrichtungen vier Vorbauten mit Altären oder Buddha-Figuren, bestimmt für Blumenopfer. Mit der Tendenz zur Höhe korrespondiert das Bemühen, dem Bauwerk eine harmonisch fließende Silhouette als ›Blase‹, ›Tropfen‹, ›Glocke‹ oder ›Reishaufen‹ zu verleihen.

Hatte Sri Lanka seine Impulse bis ins 4. Jahrhundert u. Z. aus der südindischen Kulturlandschaft Andhra empfangen, so bezogen die übrigen buddhistisch missionierten Länder Asiens ihre Vorbilder vor allem aus dem Norden Indiens. Die Architektur vollzog hier einen Wandel von den Formen und Symbolen des Hinayana zu denen des Mahayana, von Rund und Halbkugel zu

Quadrat und Kubus. Zum einen spiegelten sich darin viel deutlicher die Diagramme der Mandalas, die als Meditationshilfen den Gebäuden zugrunde lagen, zum anderen eignete sich das Rechteck mehr als das Rund zu Erweiterungen in Fläche und Höhe. Schließlich richtete sich die Botschaft des Mahayana, die nun den Buddhismus dominierte, an die Allgemeinheit und verwies auf göttliche Instanzen, sodass es beinahe zwingend war, die Kultbauten noch entschiedener über das Profane hinauszuheben.

Eine Schlüsselposition in der Entwicklung der buddhistischen Kunst hatte in den ersten Jahrhunderten nach der Zeitenwende das Kushana-Reich. Es erstreckte sich vom südlichen Zentralasien bis nach Mittelindien, von Afghanistan bis Bihar, und besaß Kulturzentren u. a. in Gandhara (eine Region im Nordwesten Pakistans) und in Mathura (Nordindien). An dieser politischen Schnittstelle mussten unweigerlich die zeitgenössischen kulturellen Strömungen zusammenfließen und auf neue Weise produktiv werden.

In Gandhara, das nach dem Asienzug Alexanders des Großen von Griechen beherrscht war und nun Handel mit dem römischen Imperium trieb, erhoben sich die Stupas auf quadratischen Stufenterrassen mit Treppenläufen in den Kardinalrichtungen – ein Konzept, das aus Vorderasien übernommen wurde. Die Medhi ist zylinderförmig gestreckt und nach provinzialrömischer Manier mit einer Wandgliederung versehen, in den Nischen finden sich Buddha-Statuen. Mitunter sind weitere Etagen ausgeführt, deren Reliefschmuck vom Leben und den früheren Existenzen Buddhas be-

In Peshawar, der Hauptstadt Gandharas, stand einst ein Turm-Stupa von angeblich fast 200 m Höhe, der in Ostasien als Weltwunder galt und vielfach kopiert wurde. Das Anda war hier auf einen sehr kleinen Körper zwischen Unterbau und Spitze reduziert. Der Turm soll auf den Kushana-Herrscher Kanishka zurückgehen und über dem ersten Schriftenkanon des Mahayana errichtet worden sein.

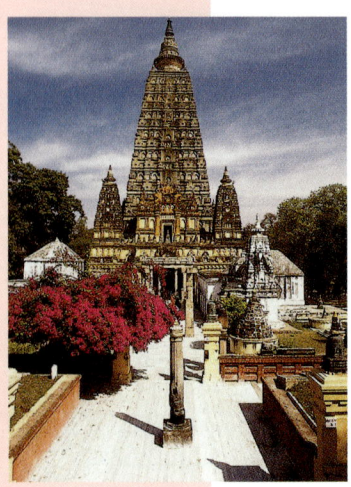

Der 55 Meter hohe Hauptturm des Mahabodhi-Tempels von Bodh Gaya, Nordindien, eine Art Steilpyramide, ist ein Bau des frühen 6. Jahrhunderts.

richtet. Der Weg von der Basis zum Scheitel des Stupa verkörpert damit noch markanter den Aufstieg aus der Welt der Erscheinungen zum Absoluten. Der ›Gipfel‹ entzieht sich dem Irdischen, indem die Spitze des Bauwerks höher gestreckt und mit einer größeren Anzahl von Ehrenschirmen geschmückt wird. Die Halbkugel, der einstige Hauptkörper, verliert in Relation zu Unterbau und Spitze, die gesamte Konstruktion nähert sich allmählich der Form eines Turms (vgl. Abb. S. 162).

Wenige Jahrhunderte später, in der Gupta-Zeit (320–5./6. Jahrhundert), war der Turm als Abbild des Weltenberges zum Inbegriff eines buddhistischen Heiligtums gereift. Beim Mahabodhi-Tempel in Bodh Gaya verjüngen sich die Stockwerke pyramidenartig bis hin zur Spitze; nur noch entfernt lassen sich Anklänge an die Urform des Stupa erkennen. An diesen Typ knüpfen die Hindutempel an, zugleich aber auch die Hochtempel der Pala-Zeit (770–1095), etwa in Nalanda und Paharpur: Ansteigende Terrassen über kreuzförmigem Grundriss tragen ein turmartiges Heiligtum, in dessen Cella ein Buddha verehrt wird (vgl. Abb. S. 92).

Solche Hochtempel, mit vielgestaltigen Aufbauten über dem zentralen Schrein, beeinflussten die buddhistische Architektur von Burma bis Indonesien. Höhepunkt dieser Entwicklung ist der über einem Mandala-Diagramm errichtete Borobudur auf Java (9. Jahrhundert) mit umlaufenden Reliefs an den unteren Terrassen; darüber in konzentrischen Kreisen kleine Stupas zu Füßen eines zentralen Heiligtums.

Während die indischen Vorgaben allmählich nach Süd- und Südostasien übermittelt wurden und sich die Architekten dort jeweils an den Bauten der Nachbarn orientierten, konnten die Baumeister Chinas nur selten auf eigene Anschauung der frühen Modelle zurück-

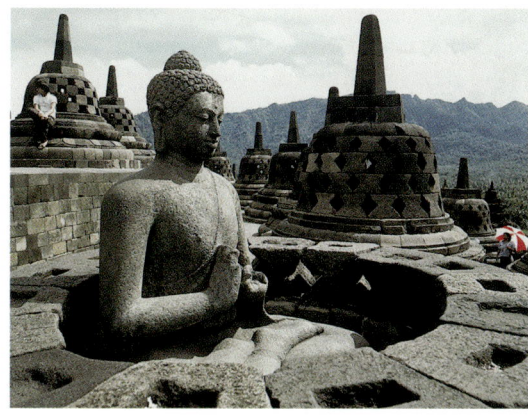

Buddha-Statue und glockenförmige Stupas, wie sie sich auf den oberen Rundterrassen des Borobudur unterhalb des Zentralheiligtums erheben

greifen. Geht man vom heutigen Denkmälerbestand aus, so wurden im kulturell vermittelnden Zentralasien vorzugsweise Höhlentempel angelegt. Wichtigste Quelle für die buddhistischen Freibauten Chinas waren – neben der lokalen Architektur – die aus Indien herangetragenen Berichte, Zeichnungen und Votivstupas. Was unter diesem Eindruck entstand, lässt sich nur noch bruchstückhaft ermitteln, da im Zuge der Buddhisten-Verfolgung im 9. Jahrhundert Tausende buddhistischer Bauwerke zerstört wurden (vgl. S. 146). Letztlich ist aber der spätere Typus der Pagode, wie wir ihn kennen, wenigstens zum Teil auf das Vorbild turmartiger Stupas in Indien zurückzuführen. Der Unterbau wurde hier immer mehr gestreckt, die Stockwerke in einheitlicher Größe und nur noch leicht nach oben verjüngt ausgeführt, die umlaufenden Simse zu geschwungenen Dächern erweitert. Unter der hohen Spitze erscheint noch die Halbkugel als Symbol.

Der in China so beliebte polygonale Grundriss geht wohl auf die lokale Form des Wachtturms zurück und ist in Korea und Japan nur selten anzutreffen. Von der chinesischen Pagode aus Ziegeln und Stein, geschmückt mit glasierten Dachpfannen und farbigen Reliefs, gingen die Japaner zu schlichten, optisch leichten Holzkonstruktionen über. Bis zu neun Stockwerke aufragend, sind sie höher als die chinesischen Beispiele, aber, dank des Baumaterials, kaum erdbebengefährdet.

Stupas, Chaitya-Hallen und Pagoden verloren schließlich in allen buddhistischen Ländern in dem Maße an Bedeutung, wie sich die ikonische Verehrung des Buddha durchsetzte. Der aufgezeigte Wandel zum Turmtempel deutet dies bereits für die Länder Süd- und Südostasiens an. In Ostasien ging man unterdessen zu großen Buddha-Hallen über, deren steile Satteldächer mit geschwungenen Firstenden und gestaffelten Giebeln der lokalen Profanarchitektur verpflichtet waren. Diese Tempelhallen bildeten nun, da die Trennung zwischen Kult- und Wohnraum aufgegeben war, das zentrale Heiligtum der Klöster.

Der Kumbum-Tschörten in der Klosteranlage Palkhor Chöde in Gyantse, Zentraltibet, datiert 1440. Wie der Borobudur ist der Kumbum als ein dreidimensionales Mandala aufzufassen. Bei der aufsteigenden Ritualumwandlung passiert der Gläubige auf den verschiedenen Ebenen immer neue Schreine und Götterbilder. Die Spitze des Stupa verkörpert das Absolute, den Adi- oder Ur-Buddha.

Die Entwicklung des Buddha-Bilds

In seinen Reisetagebüchern aus Indien hinterließ der chinesische Pilger Xuan-zang im 7. Jahrhundert eine sonderbare Notiz. »In dieser Stadt«, so schrieb er über den Regierungssitz des Reiches Kaushambi, »erhebt sich inmitten eines Palastes ein Kloster von etwa 60 Fuß Höhe; dort steht eine Statue Buddhas aus Sandelholz, behütet von einem steinernen Baldachin. Sie ist das Werk des Königs Udayana.« Dieser Udayana war ein Zeitgenosse Buddhas, und genau darin steckt das Problem. Sollte die Statue, von der Xuan-zang spricht, tatsächlich der Frühzeit angehört haben, dann stand

sie jahrhundertelang singulär neben der sonst anikonischen Darstellung des Meisters.

Die ältesten erhaltenen Reliefs – sie stammen aus dem 2. Jahrhundert v. u. Z. – bilden den Buddha nämlich nicht ab, sondern deuten seine Anwesenheit durch ein Symbol an: Die Lotosblüte steht für seine Geburt, der leere Thron für die Jugend im Fürstenpalast, ein Pferd ohne Reiter für den Auszug aus dem Elternhaus, der Bo-Baum für die Erwachung, das Rad der Lehre für die erste Predigt im Gazellenhain von Sarnath, ein Stupa für das Eingehen ins Nirvana usw. Dieses Prinzip wird häufig auch dann befolgt, wenn in den *jatakas* (Pali: ›Geburtsgeschichte‹) über die früheren Existenzen des Buddha berichtet wird. Diese Zurückhaltung, die den Bildern eine geisterhafte Aura verleiht, ist die Antwort auf ein Dilemma: Wie sollte man den unvergleichlichen Lehrer darstellen, der zeitlebens nicht verehrt werden wollte und der mit seinem Tod, im Unterschied zu anderen Wesen, gänzlich verweht, völlig erloschen war? Jedes Abbild dieses besonderen Menschen barg die Gefahr der Anbetung, die Buddha als Hindernis auf dem Heilsweg bezeichnet hatte. Der Gefährdung war

Der leere Thron und die Fußabdrücke verweisen auf die heilige Präsenz Buddhas. Solche anikonischen Darstellungen, die den Erwachten nicht in körperlicher Gestalt zeigen – wir sehen den Angriff Maras (vgl. Abb. S. 20) – gehören in die Frühphase der indisch-buddhistischen Kunst. Kalksteinrelief aus Amaravati, Südindien, 1./2. Jahrhundert u. Z.

Teilstück eines Pfeilers vom frühen Stupa in Bodh Gaya, Nordindien, mit einem Relief des 2. Jahrhunderts v. u. Z.

Die Legende von den fünf Fastenden. Glasiertes Jataka-Tonrelief, Pagan, Burma, ca. 1270. Jatakas sind Vorgeburtsgeschichten aus den früheren Erdenleben des historischen Buddha. Die häufig moralischen Legenden wurden, da die Gläubigen schon karge Andeutungen zu ›lesen‹ vermochten, mit den sparsamsten bildnerischen Mitteln dargestellt. Hier sehen wir den späteren Buddha, wie er in einer Einsiedelei sitzt. Belehrt durch eine Vision, tut er es vier fastenden Tieren gleich, die durch ihre Begierden in Lebensgefahr geraten waren.

aber auf Dauer nicht zu entgehen. Wo figürlich abgebildete Adoranten einen leeren Thron umgeben, da ist der Weg zur Besetzung des Thrones durch die Darstellung eines gottgleichen Menschen nicht mehr weit.

Die Frage nach dem ältesten Abbild Buddhas entfachte einen Gelehrtenstreit, bei dem jener Udayana-Buddha nicht einmal eine Rolle spielte, wohl aber die schier unlösbaren Probleme mit der Chronologie der Kushanas – der Beginn der Kanishka-Ära wird z. B. unterschiedlich zwischen 78 und 225 u. Z. angesetzt. Gandhara und Mathura, die beiden kulturellen Zentren des Kushana-Reichs, kamen als Urheber der frühesten Buddha-Statue in Betracht. Lange Zeit wurde Gandhara favorisiert, wo hellenistische oder provinzialrömische Stilmerkmale in den Bildschöpfungen nahelegten, dass die entscheidenden Impulse vom Westen ausgingen. Dabei wurden die Wurzeln zunächst sogar auf das Intermezzo des hellenistischen Vormarsches bis an den Indus zurückgeführt. Aber der gandharische Buddha, mit den Zügen eines Apollo und der Pose eines römischen Kaisers, ist wohl eher ein Hinweis auf die Weltoffenheit der Kushanas.

Nach dem heutigen Kenntnisstand scheint der erste Buddha in Mathura entstanden zu sein, allerdings nur wenig früher als in Gandhara, vielleicht noch im späten 1. Jahrhundert u. Z. Inschriften bezeichnen ihn als Bodhisattva und verweisen damit auf die frühe Interpretation des Begriffes, also auf einen Menschen, dem die Erwachung noch bevorsteht. Ein solches Abbild, das sich auf Buddhas weltliches Dasein bezog, vermochten auch die Anhänger des Hinayana zu akzeptieren. Unterdessen entwarf das Mahayana die neue Auslegung von einem göttlichen, anbetungswürdigen und demnach als Ikone darstellbaren Buddha. Sein Abbild wurde allerdings als unvollkommen angesehen, als eine Illusion, die Hilfe auf dem Weg der geistigen Versenkung sein könne, aber niemals die höchste Wahrheit wiederzugeben vermöge. Damit fanden beide ›Fahrzeuge‹ auf ihre Weise zum Bildhaften, wobei zu bemerken ist, dass der Buddha in den Ländern des Theravada stets menschlich-irdische Züge bewahrte, während er im Mahayana ein weltentrücktes Äußeres erhielt.

Aus diesen Beobachtungen erklärt sich, warum Buddha gerade im Kushana-Reich, in der Ära des aufkeimenden Mahayana, erstmals abgebildet wurde. Die Dynastie hatte aus Zentralasien, ihrer Heimat, den starken Bezug zu historischen Ereignissen und Personen wie auch den Drang zur Repräsentation der Staatsmacht übernommen. In Indien, das im Glauben an den Kreislauf des Weltgeschehens der Geschichte gleich-

Sitzender Buddha. Sandsteinskulptur aus Mathura, Nordindien, ca. 1. Jahrhundert u. Z. Der Buddha thront auf einem Löwensockel und hebt die Rechte in der Geste der Schutzverheißung (*abhayamudra;* vgl. S. 179). So wie es um jene Zeit Mode gewesen zu sein scheint, ist das Haar straff zusammengefasst und zu einem Zopf aufgewunden. Links und rechts stehen als Begleiter Vajrapani und Padmapani. Jenseits des Nimbus zeichnet sich der Feigenbaum ab, unter dem die Erwachung stattfand. Ganz oben verstreuen Himmlische Blüten.

Stehender Buddha.
Chinesische Kalkstein-
skulptur der Tang-Zeit,
7./8. Jahrhundert

gültiger gegenüberstand, begegneten die Kushanas Künstlern, die den Wunsch nach Bildern der diesseitigen und jenseitigen Welt meisterhaft zu erfüllen verstanden. So wurde mit hinreißender Kraft in Mathura und Gandhara ein buddhistisches Bildprogramm entwickelt, das sich hier der indischen, dort mehr mediterraner Stilmittel bediente. Wenig später, im 2. und 3. Jahrhundert, schuf man unter der Herrschaft der Shatavahanas auch im mittelindischen Amaravati einen eigenen Buddha-Typ.

Die kraftvolle Buddha-Gestalt Gandharas setzte sich in Indien nicht durch, wurde aber, mitsamt ihrer reichen narrativen Szenik, Vorbild für Zentralasien. Erst im künstlerisch eigenständigen China verlor sich dieser Einfluss. Hier entwickelte sich im 7. Jahrhundert, in der Tang-Zeit, eine Hochblüte buddhistischer Kunst, unter deren Eindruck dann für einige Jahrhunderte sämtliche Mahayana-Länder Ostasiens standen. Große Beispiele eines von China unabhängigen Schaffens waren vom 9. Jahrhundert an die Holzplastiken Japans.

Indien selbst ging von den weichen Formen Amaravatis, mehr noch aber vom Buddha Mathuras aus. Auf Stilanalysen muss hier aus Platzgründen verzichtet werden, doch verdient das Buddha-Bild Mathuras als Urtyp eine besondere Beachtung. Ausgangspunkt war ein zunächst unbuddhistischer Dämon, der *yaksha,* der unter Kaiser Ashoka zum Torwächter der Stupas umfunktioniert worden war (vgl. S. 160f.). Seine frontale Körperhaltung blieb bestimmend für fast alle Buddha-Bilder Asiens. Die Haut wirkt gespannt, wie mit Flüssigkeit gefüllt, was der Gestalt eine vegetabil-kraftvolle, jedoch nicht athletische Ausstrahlung verleiht. Damit ist das spätere Be-

mühen vorweggenommen, in einer (westlichen Betrachtern als feminin erscheinenden) Figur die Gegensätze zwischen
Mann und Frau und damit die Polaritäten
allgemein aufzuheben.

Die vielleicht größte Leistung Mathuras
besteht in der Reduktion: der Abkehr
vom, figurenreichen, dem *horror vacui* er-
legenen Relief. Die belebte Szene der
Frühzeit, in der Buddha als Symbol erschien, verkehrt sich ins Gegenteil, in die
Einzelgestalt, die mit Symbolik ausgestattet wird, um Szenen und lehrreiche
Inhalte zu vermitteln. Zugleich konzentriert sich von nun an alles Streben darauf, der irdischen Hülle eine jenseitige
Aura zu verleihen und sie mit jenen 32
großen und 80 kleinen Merkmalen *(lakshanas)* auszu-
statten, die gemäß der Überlieferung den übermenschlichen Meister auszeichneten: vollkommene Körper-
proportionen, breite Schultern, schmale Hüften. Wenn
er stand, dann reichten seine Arme bis an die Knie.
Unter der glatten Haut zeichneten sich weder Sehnen
noch Adern ab. Der voll gerundete Körper des Buddha
füllte sich mit Prana, dem gleichmäßig ruhig strömen-
den Atem des Meditierenden. Seine Ohrläppchen waren langgezogen, wie man es noch heute bei Inderin-
nen sieht, die seit frühester Kindheit schwere Ohrringe
tragen. Diesen Schmuck aber, der einst Fürsten vorbehalten blieb, legte Siddharta ab, als er sein Vaterhaus
verließ und Wanderasket wurde, und er hatte sich das
Haar scheren lassen, das nun nicht mehr über die Länge von zwei Zoll hinauswuchs und sich bei den meisten
Bildnissen in gedrehten Löckchen kraust. Aureole, Nimbus und eine goldene Hautfarbe machen den Glanz der
Weisheit und Güte sichtbar, deren Licht aus der *urna*
strahlt, einem Mal zwischen den Augenbrauen. Die *ushnisha*, eine Aufwölbung (hervorgegangen aus dem Aske-

Buddha-Kopf. Vergoldete
Holzskulptur aus *Tum-
shuq*, Zentralasien, 5./6.
Jahrhundert. Die so ge-
nannte Erleuchtungser-
höhung (Ushnisha) liegt
unter kurzen Locken, die
Urna, das ›Weisheitsauge‹
zwischen den Brauen,
ist herausgebrochen.
Ushnisha und Urna
gehören zur Typologie
des klassischen Buddha-
Bilds, zu den 32 großen
übermenschlichen Merk-
malen des Meisters.

tenknoten) als Zeichen der Erwachung, krönt das Haupt des Buddha, der stets in eine Mönchsrobe gehüllt ist.

Die vollendete Umsetzung dieser Vision gelang in der Gupta-Zeit (330–5./6. Jahrhundert) zunächst in Mathura, dann in Sarnath, Ajanta und Ellora. Der feingliedrige, edel geformte Buddha dieser Zeit schaut den Betrachter nicht mehr offen an, sondern blickt mit gesenkten Lidern und beispielloser Ruhe in sein Inneres. In dieser Versenkung wirkt er unnahbar und hinterlässt seinem weltlichen Publikum als einzige Botschaft das Memento, dem Pfad der Meditation zu folgen.

Mit dem Gupta-zeitlichen Buddha war ein ikonografisch und stilistisch gültiges Bild geschaffen, das sich im 7./8. Jahrhundert überall in Asien durchsetzte und einen, vielleicht sogar den Höhepunkt der buddhistischen Kunst markiert. Mit der Vollendung eines solchen Bilds aber erhöhte sich die Gefahr unproduktiver Repetition. Dies wird bereits im indischen Pala-Reich (8.–12. Jahrhundert) deutlich und zeigt sich dann, trotz interessanter lokaler Varianten, im gesamten buddhistischen Kulturkreis. Um 1500 versiegte die Kreativität; die Massenproduktion Tibets ist – kunsthistorisch – nur noch ein unbedeutender Ausklang. Für die Gläubigen ist dies selbstverständlich egal, da sie im Buddha-Bild nicht die Ästhetik, sondern die Meditationshilfe suchen.

Die Wandlungen der überaus toleranten Lehre ließen aber stets auch Raum für neue Auslegungen oder Sonderformen der Buddha-Gestalt. Im Pala-Reich und später in Ostasien wurde Buddha oft im Fürstenschmuck dargestellt, wie es zuvor nur bei Bodhisattvas der Fall war (s. o.). Dieses Konzept bezieht sich auf den Lehrer als Weltherrscher, zu dem es seit etwa dem 3. Jahrhundert u. Z. eine noch

Sitzender Buddha. Sandsteinskulptur aus Sarnath, Nordindien, 5. Jahrhundert. Das Bildnis gehört zu den großen Schöpfungen des Gupta-Stils. Die Hände zum Andrehen des Lehrrads (*dharmachakramudra,* vgl. S. 179) vereint, zeigt das Antlitz des Buddha tiefe Verinnerlichung. Überhaupt ist das spirituelle Moment gegenüber dem vergleichbaren, etwa vier Jahrhunderte älteren Mathura-Buddha (vgl. Abb. S. 173) mit seiner rustikalen Körperauffassung deutlich betont.

eindrucksvollere Variante gibt. Damals
war in Darel am Oberlauf des Indus eine
Kolossalstatue gefertigt worden, die den
Zeitgenossen als Weltwunder galt und
vielfach kopiert wurde. So entstanden
beispielsweise in Afghanistan die beiden
35 bzw. 53 Meter hohen Buddhas von
Bamiyan (ca. 3./4.–7. Jahrhundert, im
März 2001 von den Taliban zerstört) und
in China der 71 Meter hohe Buddha von
Leshan (719–803). Kolossale Bronzen
sind aus Japan bekannt, so der 16 Meter
hohe Vairocana im Todaiji (ca. 750), eine
handwerkliche Höchstleistung, die erst
im achten Gussversuch gelang.

Eine beliebte Variante auf Sri Lanka
war der liegende Buddha. Die scheinbare
Ruheposition soll sein friedvolles Dahinscheiden *(parinirvana)* bezeichnen, den
bedeutsamen Moment, in dem der Meis-
ter für Anhänger des Hinayana letztmals darstellbar ist.

In Gandhara, Zentralasien, China und Thailand wurde
eine andere Übergangssituation aus dem irdischen Dasein Buddhas zum Prüfstein der Künstler, die Askese,
die der Erwachung vorausgegangen war. Die Bildnisse
zu diesem Thema überzeugen durch ihre erschütternde
Realitätsnähe. Nicht minder imposant erscheinen in der
Khmer-Kunst Kambodschas die großen, weltberühmten
Köpfe am Bayon, in denen das Bildnis Buddhas mit dem
Idealporträt des Königs verschmilzt (vgl. Abb. S. 71).

Während das Tantra gleichsam zum Ursprung zurückkehrte, indem es den Buddha, jetzt als höchstes Weltprinzip, auf ein einziges Symbol reduzierte, beispielsweise ein Schriftzeichen, gelangten die Chan-Buddhisten
zu einem anderen Extrem, indem sie den Lehrer wieder
als historische, von seinen Erkennungsmalen befreite
Figur darstellten und keinerlei Skrupel zeigten, dieses
Bild eigenhändig zu zerstören (vgl. S. 154).

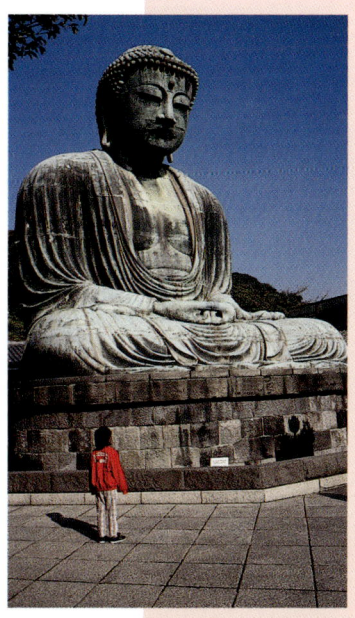

Der monumentale Buddha
von Kamakura, südwest-
lich von Tokio, Japan. Die
Bronzeskulptur, die 1252
in Einzelteilen gegossen
und vor Ort zusammen-
gesetzt wurde, ist über
11 Meter hoch und fast
100 Tonnen schwer.

Körperhaltungen und Gesten

In der Kunst Asiens wird Buddha in frontaler Haltung und symmetrischer Komposition dargestellt; nur in Situationen, die sich auf Siddharta Gautama als Bodhisattva beziehen, wendet er sich gelegentlich begleitenden Figuren und nicht dem Betrachter zu. Erzählende Reliefs oder Gemälde mit realitätsnahen Szenen bleiben auf niedere Daseinsstufen beschränkt. Solche Werke, die sich an Sockelzonen von Stupas oder in vorgelagerten Versammlungshallen befinden, begleiten den Gläubigen auf dem Weg zum Allerheiligsten und bereiten ihn auf die Begegnung mit dem höchsten Meditationsobjekt vor, indem sie ihm in leicht verständlicher Bildsprache die irdischen Stationen Shakyamunis oder dessen frühere Existenzen in Erinnerung rufen. Im Unterschied dazu kommunizieren die als überzeitlich und überweltlich gedachten Idole mit dem Betrachter in einer Symbolsprache, die dem Eingeweihten Aufschluss über das Bildnis gibt, zugleich aber auch Gefühle vermitteln kann.

Zu den Zeichen dieser Bildsprache zählen die Haltungen des stehenden (*sthana*) und des sitzenden Körpers (*asana*), der Arme (*hasta*) und der Hände (*mudra*). Als Ausdrucksmittel waren sie im indischen Tanz zu höchster Perfektion entwickelt worden. Innerhalb der buddhistischen Plastik wurden diese Positionen und Gesten in Gandhara vorbereitet, in der späten Gupta-Zeit kanonisiert und dann im gesamten buddhistischen Kulturkreis übernommen.

Das Hinayana verwendet nur einen Teil der Symbolsprache und benutzt diese Zeichen, um eine Aktion des Buddha, letztlich ein historisches Ereignis (Predigt, Meditation, Eingehen ins Nirvana usw.) anzudeuten. Im Mahayana und mehr noch im Tantrayana dienen die Symbole zur Unterscheidung der einzelnen Buddhas und sonstiger meist überweltlicher Gestalten. Weist etwa die rechte Hand nach unten (*bhumisparshamudra*), so ist damit im Hinayana die Szene der Erdanrufung gemeint: Als Buddha unter dem Bo-Baum vom Dämonen Mara bedrängt wurde und dieser ihn fragte, wer seine Aufrichtigkeit und Furchtlosigkeit bestätigen könne, rief Buddha die Erde als Zeugin an. Im Mahayana kennzeichnet die gleiche Geste den Buddha Akshobhya, der (wie die Erde) für Unverrückbarkeit steht. Um dieses Merkmal zu bekräftigen, erhält Akshobhya als weitere Symbole der Standfestigkeit einen Donnerkeil (*vajra*), den er mit der linken Hand umfasst, und am Sockel seines Thrones einen Elefanten.

Solche Werkzeuge und Symboltiere erschließen dem Gläubigen unzählige Assoziationen und eröffnen ihm einen Zugang zum Kultbild. Im tantrischen Buddhismus kann das Idol auch mehrere Köpfe und Gliedmaßen erhalten, die dann auf Allmacht hindeuten und

vitarkamudra: beim sitzenden oder stehenden Buddha, ähnlich der *abhayamudra* (s. unten), jedoch Finger leicht nach unten weisend, Daumen und Zeigefinger berühren einander, in der späteren Ikonografie gelegentlich von der linken Hand ausgeführt oder die linke Hand mit gleicher Geste nach unten gerichtet, symbolisiert Urteilskraft und Vernunft

bhumisparshamudra: indische Sitzhaltung, die linke Hand im Schoß, die rechte berührt die Erde mit den Fingerspitzen, symbolisiert die Niederlage des Dämonen Mara, bei der Buddha die Erde als Zeugin für seinen Weg anrief

dharmachakramudra: der Buddha in indischer oder europäischer Sitzhaltung, gelegentlich stehend, beide Hände begegnen sich vor der Brust, die Finger der Linken sind in die rechte Handfläche gestützt, mehrere Varianten, symbolisiert die erste Verkündigung der Lehre oder (durch ein zusätzliches Symbol angedeutet) das Wunder von Shravasti

dhyanamudra (auch samadhimudra): stets verbunden mit der Meditationshaltung, die Hände, eine über der anderen, flach in den Schoß gelegt, symbolisiert den Moment der Erwachung, aber auch allgemein die Meditation; in der japanischen Kunst kommen den einzelnen Fingerstellungen unterschiedliche Bedeutungen zu

varadamudra: meist beim stehenden Buddha, der rechte Arm weist nach unten, die Handfläche mit gestreckten Fingern zum Betrachter, symbolisiert Barmherzigkeit

abhayamudra: meist beim stehenden Buddha, der rechte Unterarm erhoben (in der Thai-Kunst auch der linke oder beide), die offene Handfläche dem Betrachter zugewandt, Finger zeigen nach oben, symbolisiert Schutzverheißung, Furchtlosigkeit

zugleich mehrere Symbole aufnehmen oder Gesten ausführen, um unterschiedliche Qualitäten und Aspekte der Gestalt zu kennzeichnen. Bei farbigen Darstellungen – dies bezieht sich nicht nur auf Gemälde, denn einst waren auch die meisten Skulpturen bemalt – liefert die Farbe ein

Körperhaltungen und Gesten

weiteres Erkennungsmerkmal. So trägt Amitabha die Farbe Rot, der ansonsten kaum von ihm zu unterscheidende Siddharta Gautama hingegen hat eine goldene Hautfarbe.

Hinweis auf die jeweils gemeinte Situation gibt auch der Thron, auf dem der Buddha sitzt. Als Herrschersymbol und Zeichen für die Lehre, deren erste Verkündigung mit einem Löwengebrüll verglichen wurde, ist der in Indien häufig anzutreffende Löwenthron zu verstehen, während der Lotosthron an die Geburt Siddhartas gemahnt und zudem Reinheit symbolisiert. Die sieben- oder neunköpfige Schlange, die auf manchen Sitzbildwerken das Haupt Buddhas behütet, erinnert an Mucalinda, den Schlangenkönig, der dem Meister nach der Erwachung Schutz vor einem Unwetter bot, das Mara herabgesandt hatte. Während Buddha hier meditierend im ›Lotos-‹ oder ›Diamantsitz‹ *(vajrasana)* abgebildet wird, zeigt eine ›europäische‹ Sitzhaltung *(bhadrasana)* seine aktive Teilnahme am irdischen Leben an. Mitunter wird so aber auch der künftige Buddha Maitreya gekennzeichnet: Sind die Füße überkreuzt, eine Haltung, die als abwartende Versenkung zu interpretieren ist, so deutet dies auf Maitreya, der gelassen seiner Buddhaschaft entgegenblickt. Eine andere entspannte Position, *lalitasana* genannt, bei der ein Fuß auf den Boden gesetzt, das andere Bein angezogen ist, bleibt in ihrer Asymmetrie generell auf Bodhisattvas beschränkt.

Der liegende Buddha demonstriert einmal mehr, wie sich das Verständnis der Gestalt über kleinste Details erschließt. In der Ruheposition liegt Buddha, wie übrigens auch Mönche, stets auf der rechten Körperseite, mit dem Kopf nach Norden, die Füße parallel zueinander gelegt. Ist der untere Fuß leicht vorgeschoben, so wird damit das Parinirvana angedeutet.

Buddha im *parinirvana,* also beim Übergang vom Diesseits ins Nirvana. Die über 14 Meter lange Felsskulptur in Polonnaruwa, Sri Lanka, 12. Jahrhundert, beeindruckt durch lebensnahe bildhauerische Qualitäten, so das in der Mitte etwas eingedrückte Felskissen und den Schwung der fein gezeichneten Brauen.

Buddhas, Bodhisattvas, Götter, Dämonen und Heilige

Neben dem Buddha des Hinayana und den Buddhas der neueren Schulen hat der Buddhismus ein fast unüberschaubar vielfältiges Bildprogramm geschaffen, das in der alten Lehre auf die historischen Figuren Bezug nahm, im Mahayana und Tantrayana kosmologische Erwägungen visuell umsetzte und in Kulturen außerhalb Indiens auch Gestalten fremder Religionen einband. Die Künstler Gandharas wählten zur Charakterisierung der verschiedenen Daseinsstufen unterschiedliche Physiognomien, Trachten und Stilmittel – ein Prinzip, das über Zentralasien nach China tradiert, dort aber schließlich aufgegeben wurde. In Mathura war man dagegen bemüht, überweltliche Figuren idealisiert, irdische realistisch darzustellen. Dies wurde schließlich zum höchsten Maßstab der buddhistischen Kunst und gibt das entscheidende Indiz, warum nach der Schaffung eines gültigen Buddha-Bildes die überzeugenderen, kreativeren Leistungen bei der Umsetzung ›niederer‹ Gestalten gelangen, deren Typenkatalog ständig erweitert wurde. Dies belegt vor allem die späte buddhistische Kunst Chinas, aber auch die Tibets.

Totentänzer Chitipati, ein Begleiter des Totenrichters Yama. Versilberte Bronze, Mongolei, 19. Jahrhundert

Buddhistische Kunstwerke entstanden nicht vorrangig nach ästhetischen Gesichtspunkten. Vielmehr waren nach tradierten Lehrbüchern ikonografische Hinweise mit einem symbolträchtigen Kompositionsschema zu verbinden. Auch wenn dabei sowohl mittelmäßige als auch herausragende Bildwerke hervorgebracht wurden, maß man dem einzelnen Künstler keine Bedeutung bei. Namen und konkrete Daten aus der indischen Kunstgeschichte sind deshalb kaum bekannt. Lediglich in Ostasien, wo die Geschichtsschreibung eine lange Tradition hat, gelangten buddhistische Künstler zu Ruhm, etwa die Mönchsmaler Hakuin und Sengai in Japan.

Chinesische Glücksbringer, wie sie im Westen häufig als Darstellung Buddhas missverstanden werden. Moderne glasierte Keramik

Während das Hinayana seinen weltanschaulichen Prämissen gemäß lange Zeit thematisch begrenzt blieb und erst spät Dämonen und andere überweltliche Gestalten in sein Repertoire aufnahm, entwickelten Mahayana und Tantrayana immer neue Wesen, die teils kosmologischen Spekulationen entsprangen, teils aus Volkskulten übernommen wurden. Dabei wurde stets darauf geachtet, diese Wesen exakt zu klassifizieren, sie der strengen Hierarchie der Daseinsstufen einzugliedern.

Auf den Höchstrang der Buddhas folgen die Bodhisattvas. Sie werden ähnlich vergeistigt, übergeschlechtlich und idealisiert dargestellt wie die Buddhas, tragen jedoch reichen Schmuck als Zeichen ihrer Verbundenheit mit dem Erdenleben und werden in lockerer Körperhaltung abgebildet. Oft nehmen sie die als *tribhanga* bekannte Pose ein, eine dreifache, s-förmige Biegung des Körpers, bekannt aus dem indischen Tanz. Die Pose wird vor allem dann bevorzugt, wenn zwei Bodhisattvas einen Buddha flankieren und durch die Tribhanga-Haltung – die eine Gestalt nach links, die andere nach rechts ausschwingend – den Blick auf das eigentliche Idol zentrieren. In diesem Fall sind die Bodhisattvas als Begleiter aufzufassen, doch da das

Mahayana sie als direkte Heilsbringer verehrt, wurden sie schließlich selbst Zentrum von Kultbildern. Dies gilt vor allem für Maitreya, der sich im chinesischen Volksbuddhismus in einen lachenden Glücksbringer namens Budai (›Hanfsack‹) verwandelte (man kennt diese dickbäuchige Gestalt, die im Westen oft mit Buddha verwechselt wird), ferner für Manjushri, Tara, Prajnaparamita und Avalokiteshvara. Letzterer wird oft mit mehreren Köpfen und Gliedmaßen dargestellt (etwa: der ›Elfköpfige mit dem großen Mitleid‹; vgl. auch Abb. S. 133), ein Merkmal, das auf tantrisch-hinduistische Einflüsse hinweist. Seine große Beliebtheit ist allein daran abzulesen, dass er in ca. 130 ikonografischen Varianten vorkommt. Avalokiteshvara (in China Kwanyin, in Japan Kwannon genannt) nimmt dabei immer neue Aufgaben an, er kann sogar als Gottheit anderer Religionen auftreten, um Menschen, die sich zum falschen Glauben bekennen, auf den rechten Weg zu bringen. In Tibet gilt er als Schutzpatron des Landes. Diese vielfache Identität führte andererseits dazu, dass Avalokiteshvara mit dem Hindu-Gott Shiva verschmolz und in Indien letztlich auch seine Anhänger an ihn verlor.

Stehen die Bodhisattvas für den gütigen Aspekt der höchsten Wesen und handeln heilbringend in deren Auftrag, so verkörpern die ›Könige der Weisheit‹ *(vidyarajas)* das zornige Element. Diese erst spät in die buddhistische Geistes- und Bildwelt eingeführten Wesen, die ebenfalls eher hinduistischem Gedankengut angehören, verdeutlichen das typisch tantrische Bemühen, die Einheit und höchste

Fudo, einer der Könige des esoterischen Wissens. Farbig gefasste Holzplastik, Japan, 12. Jahrhundert. Insgesamt gibt es fünf solcher Könige. Sie gelten als zornige Erscheinungsformen der fünf Buddhas des Esoterischen Wissens und sollen die Zögernden und Unaufgeschlossenen auf den Erlösungsweg zwingen.

Wahrheit im Ausgleich der Polaritäten zu suchen:
Nichts und niemand kann nur gut oder nur böse sein,
wahrhaftig ist allein der Mittlere Weg, die Auflösung
im Weder-noch.

Mit der Ebene der zwölf höchsten Götter wird dann
eine grundsätzlich andere Sphäre betreten, denn sie
sind Wesen des Samsara. Zwar ist ihnen ein langes,
aber doch kein ewiges Leben und vorerst auch kein
Nirvana beschieden. Um dieses höchste Ziel zu erreichen, müssen sie vorab sogar das Erdendasein durch-
laufen und dabei das Leid des Lebens erfahren.

Als nächste auf der Stufenleiter folgen die vier ›Wel-
tenhüter‹ (*lokapalas;* auch: *devarajas,* ›Himmelskönige‹,
genannt), dann die ›Wächter der Himmelspforten‹
(dvarapalas) sowie allerlei göttliche und dämonische
Wesen verschiedenster Herkunft. Sie sind leicht an der
nach rechts ausfallenden, als aggressiv interpretierten
Körperhaltung zu erkennen, zudem daran, dass sie
Drohgebärden vollführen, Totenköpfe oder mit Wein
gefüllte Schädelschalen in Händen halten und wut-
schnaubend gnomenhafte Wesen niederstampfen. All
dieser furchterregende Zauber, der hinduistischen
Ursprungs ist, richtet sich im tantrischen Buddhismus
gegen die alten Leidursachen Gier, Hass und Verblendung, die in jenen Gnomen personifiziert sind.

Der Stufe der niederen Götter und Dämonen sind
alle Menschen untergeordnet, die noch nicht die Erwachung erlangt haben. Wer dagegen diese höchste
Stufe der Erkenntnis erreicht hat, der wird im Hinayana
als Arhat (›Heiliger‹, ›Weiser‹) über die Götter und
neben den Buddha gestellt, während er im Mahayana
die Position gleich unter den Bodhisattvas einnimmt.
Gerade die Forderung nach einer künstlerischen Umsetzung dieser in Bewegung und Mimik noch irdischen,
in ihrer Aura aber bereits überweltlichen Heiligen und
Lehrer hat in der Spätzeit des Buddhismus zu Meister-
leistungen der Skulptur und Malerei geführt. Besondere Beachtung verdienen schließlich die in körperlicher

Der Adibuddha Saman-
thabhadra mit seiner
Prajna im sakralen Lie-
besgenuss (Yab-yum).
Ausschnitt (Zentrum)
eines Thangkas, Ladakh,
20. Jahrhundert. Saman-
thabhadra wird als Ur-
Buddha stets nackt dar-
gestellt. Seine Gefährtin
Samanthabhadri ist mit
ihm wesensgleich.

Vereinigung dargestellten irdisch-überirdischen Paare
des Tantra, die nach der tibetischen Nomenklatur
als Yab-yum bekannt sind und sinnbildlich für das Aufheben der Dualitäten stehen. Gerade das Motiv der
Liebesvereinigung vermag Einsicht in die tantrische
Gedankenwelt zu geben, führt in westlicher Rezeption
aber leicht zu grundlegenden Missverständnissen: Un-
vorbereitete Betrachter sehen hier oft nur eine ›reiz-
volle‹ Darstellung des Geschlechtsverkehrs und vermögen den Reichtum ikonografischer Anspielungen nicht
zu erschließen.

Denn alle Figuren der buddhistischen Geisteswelt
haben ihren Platz in einem spirituellen Gefüge. Diese
Kunst wirkt in ihrem Kontext, oft sogar nur am Ort
ihres Entstehens; das Herauslösen von Motiven und
Werken nimmt ihr Sinn und Bezug. Dies erklärt, warum
es buddhistischen Bildnissen in Museen häufig an Ausstrahlung und Unmittelbarkeit mangelt.

Der Buddhismus im Westen

> »Wenn eiserne Vögel durch die Luft fliegen, wird der Buddhismus nach Westen wandern und in die fernsten Länder gelangen.«
> Padmasambhava, 8. Jahrhundert

Als die Portugiesen 1505 erstmals auf Sri Lanka landeten, bereitete ihnen der Kontakt mit der unbekannten und offenkundig sehr mächtigen Religion Unbehagen, dem sogleich Waffengewalt und Zwangskonvertierungen folgten. Die christlichen Missionare dieser Zeit hinterließen in Asien kein vorteilhaftes Bild ihrer Lehre und begegneten umgekehrt den heimischen Kulturen mit Argwohn und geradezu groteskem Unverständnis. Als beispielsweise die ersten Jesuiten im 16. Jahrhundert den Amida-Buddhismus kennenlernten, meldeten sie in die Heimat, Luthers Ketzertum sei bereits bis Japan vorgedrungen. Doch weckten die merkwürdigen Berichte aus der fernen Welt in Europa das Interesse gebildeter Schichten, die zunächst keine wissenschaftliche Quellenforschung betrieben, sondern ungerührt die Missverständnisse der Asienfahrer mit abendländischen Theorien verknüpften. Die Chinarezeption eines Leibniz und eines Voltaire sind Beispiele dafür.

Prominentester Vertreter dieser un- oder vorakademischen Einverleibung des Buddhismus war der deutsche Philosoph Arthur Schopenhauer (1788–1860), der buddhistische Gedanken in seiner eigenen Weltschau zu entdecken meinte. In der Tat fallen auf den ersten Blick bemerkenswerte Korrespondenzen auf, so die negatorisch-pessimistische Weltsicht (Schopenhauer: »Das Leben ist eine missliche Sache.«) wie auch Schopenhauers berühmte Ethik des Mitleids. Der Philosoph propagierte diese Gemeinsamkeiten mit Vehemenz, zog die Moraldoktrinen des Buddhismus denen des Christentums vor und richtete damit den Blick einer breiten Öffentlichkeit auf die fremde Lehre.

Inzwischen hatten britische Kolonialbeamte erste Sprachforschungen betrieben und damit begonnen, Texte des Mahayana ins Englische zu übertragen. Ein spürbarer Auftrieb, der auch positiv auf den Buddhismus in Asien zurückwirkte, kam allerdings erst, als in der zweiten Hälfte des 19. Jahrhundert das Studium von Buddhas Leben und der frühen Lehre anhand von Pali-Texten einsetzte. Pioniere dieser gelehrten Arbeit waren der Brite Thomas Williams Rhys Davids (1843–1922) sowie die Deutschen Hermann Oldenberg (1854–1920) und Karl Eugen Neumann (1865–1915), die glänzende Übersetzungen der Originalwerke vorlegten. Unter der Ägide der von Rhys Davids begründeten Pali Text Society erscheinen bis heute wesentliche Editionen und Übersetzungen von Texten, die im Ursprungsgebiet des Buddhismus selbst überhaupt nicht oder nur wenigen Eingeweihten bekannt sind.

Ein Buch war es auch, die amerikanische Ausgabe eines Streitgesprächs zwischen Buddhisten und Christen auf Sri Lanka (1865), das zur Gründung der Theosophischen Gesellschaft (1875) in New York durch die zwielichtige Okkultistin Helena Petrovna Blavatsky (1831–1891) und den Obristen Henry Steel Olcott

Buddha schreitet über die Erde. Die Fußabdrücke des Erwachten, geschmückt mit dem Rad der Lehre und buddhistischen Glückszeichen, auf dem Hintergrund einer Lotosscheibe. Ausschnitt aus einem nepalesischen Thangka

(1832–1907) beitrug. Zum Ziel setzte sich die Gesellschaft – der übrigens zeitweise auch Rudolf Steiner
(1861–1925) angehörte – zweierlei: einerseits den ge-
meinsamen esoterisch-überweltlichen Kern der großen
Religionen zu ermitteln; andererseits die asiatischen
Lehren im Westen bekannter zu machen. 1881 veröf-
fentlichte Olcott einen *Buddhistischen Katechismus*
(deutsch 1908), 1890 gründete er auf Sri Lanka eine
Buddhistische Theosophische Gesellschaft und im Jahr
darauf mit seinem Freund Anagarika Dharmapala
(eigentlich David Hewavitarne, 1864–1933) eine Gesellschaft zur Pflege Bodh Gayas und anderer verfalle-
ner Schauplätze des Buddhismus in Indien. War der
Mahabodhi Society unter diesem Aspekt großer Erfolg
beschieden, so scheiterte sie an dem Ziel, die Lehre
auch in Indien wiederzubeleben.

1897 – vier Jahre nach der Weltausstellung in Chi-
cago, wo erstmals Vertreter aller großen Religionen zu
einem Gedankenaustausch zusammenkamen – entstand als erste buddhistische Organisation im Westen
ein amerikanischer Zweig der Mahabodhi Society.
In Deutschland wurde 1903 die erste buddhistische
Vereinigung gegründet, in Großbritannien 1907. Bei
den Briten fand ein recht breites Spektrum an buddhistischen Lehren Beachtung, und früh kam hier auch
die Idee auf, aus dem Miteinander der verschiedenen
Schulen eine vereinigte neue Richtung, das Navayana
(›Neues Fahrzeug‹), hervorgehen zu lassen. In Amerika
war man vor allem mit dem ostasiatischen Buddhismus vertraut, was sich im wesentlichen aus dem Zu-
strom an chinesischen und japanischen Billigarbeits-
kräften (Eisenbahnbau) seit den 1860er-Jahren und der
Eingemeindung (1888) der von Japan her durch die
Jodo-shin-shu missionierten Hawaii-Inseln in den US-
Staatenbund erklärt.

Während das Theravada in den USA noch kaum
bekannt war, widmeten sich die Gelehrten und aktiven
Buddhisten Deutschlands fast ausschließlich dieser

Richtung. Zur Pflege des Theravada gründeten 1924 Georg Grimm (1868–1945) und Karl Seidenstücker (1876–1936) die Buddhistische Gemeinde für Deutschland in Utting am Ammersee und Paul Dahlke (1865–1928) das bis heute bestehende Buddhistische Haus in Berlin-Frohnau.

Erster buddhistischer Mönch aus dem Westen war der Brite Allan Bennet McGregor (1872–1923), der 1902 in Burma ordiniert wurde. Seinem Beispiel folgte der deutsche Violinmeister Anton Gueth (1878–1957), der 1904 in Burma Mönch wurde und dann als Nyanatiloka Mahathera nach Sri Lanka ging. Das 1911 dort von ihm ins Leben gerufene Kloster auf einer kleinen Insel vor Dodanduwa zog in der Folgezeit zahlreiche Buddhisten aus dem Westen an, unter ihnen 1936 Nyanaponika (Siegmund Feniger, 1901–1980), der – wie Nyanatiloka – zahlreiche bedeutende Schriften zum Theravada-Buddhismus verfasste und zudem einen eigenen Verlag, die Buddhist Publication Society, gründete.

Buddha in einer Buchillustration des im Westen einflussreichen Werks *Das Evangelium des Buddha,* das ab 1894 in amerikanischen und deutschen Ausgaben kursierte. Die Bebilderung der Ausgabe von 1919, geschaffen von Olga Kopetzky, macht Buddha zu einem Gegenstand des Jugendstils. Unverkennbar ist die ikonografische Angleichung an die Christusfigur.

Nach dem Zweiten Weltkrieg nahm die Zahl der Buddhisten im Westen rapide zu. Es traten nun zwei Richtungen in den Vordergrund, die bislang kaum beachtet worden waren: Zen und Lamaismus. Mit dem Zen-Buddhismus kamen zuerst die Amerikaner durch den Krieg mit Japan in Berührung. Jack Kerouacs Buch *The Dharma Bums* (deutsch: *Gammler, Zen und hohe Berge*) brachte 1958 der Generation der Beatniks diese buddhistische Richtung näher. In der Folge vermochten Gelehrte wie Daisetz Teitaro Suzuki eine erstaunlich große Leserschaft mit den Grundlagen des Zen vertraut zu machen. Spuren der Zen-Lehre finden sich auch in Fritz Perls' Gestalttherapie, deren Erkenntnisse eine ganze Schar Jugendlicher zu Seminaren nach Kalifornien lockten. All diese Entwicklungen trugen dazu bei, dass Zen zu einem – oft völlig missverstandenen – Leitmotiv der Hippiebewegung wurde. So entstanden in den späten 1960er-Jahren Zen-Zentren verschiedener Richtungen u. a. auf Hawaii, in San Francisco und New York. Ein besonders ehrgeiziges Unternehmen war die 1968 in San Francisco gegründete Sino-American Buddhist Association. Aus dieser Chan-Vereinigung gingen kurz darauf das Kloster Golden Mountain Dhyana Monastery und die City of 10 000 Buddhas im Norden Kaliforniens hervor.

Eine noch rascher wachsende westliche Anhängerschaft, darunter Kinostars wie Richard Gere und Harrison Ford, besitzt heute der Lamaismus, der in den 1990er-Jahren durch Filme wie *Living Buddha, Little Buddha* und *Kundun* ins Zentrum des Interesses rückte. Schon für die Theosophen war Tibet das mystische Wunderland des Buddhismus gewesen, nun brachten der Aufstand im Schneeland und die Flucht des Dalai Lama nach Indien (1959) eine internationale Welle der Sympathie in Gang (vgl. S. 125). Viele tibetische Mönche emigrierten ins westliche Ausland und gründeten hier lamaistische Klöster und andere Einrichtungen. Ein Zentrum des tibetischen Buddhismus in Europa wurde die Schweiz.

Besonders aktiv waren Chögyam Trungpa und Akong Rinpoche, die 1967 in Schottland das Kloster Samye Ling (Johnston House, Dumfries) ins Leben gerufen haben. Weitere Institute unterschiedlicher tibetischer Schulen folgten in kurzem Abstand, beispielsweise in Kopenhagen, wo Hannah und Ole Nydahl eine besonders eifrige Missionsarbeit leisten. In Deutschland hat sich u. a. das Tibetische Zentrum in Hamburg hervorgetan.

Nach der Jahrtausendwende entstand in Burgund mit La Boulaye Europas größter buddhistischer Tempel, während der 14. Dalai Lama 2006 im österreichi-

schen Hüttenberg, dem ehemaligen
Wohnsitz seines verstorbenen Freundes
Heinrich Harrer, ein bedeutendes Tibet-
zentrum gründete. Diese äußerst regen
Aktivitäten des Lamaismus gingen einher mit politisch motivierten Auslands-
reisen des Dalai Lama, der im September
2007 – gegen den Protest der chinesischen Regierung – auch von Bundeskanz-
lerin Angela Merkel empfangen wurde.
Laut Umfragen genoss der Dalai Lama
damals bei den Deutschen mehr Wert-
schätzung als der Papst. Diesem äußerst
positiven Bild steht indessen harte Kritik
aus eingeweihten Kreisen gegenüber,
die dem Dalai Lama Missachtung der Re-
ligionsfreiheit und dubiose Beziehungen
zum CIA nachsagen.

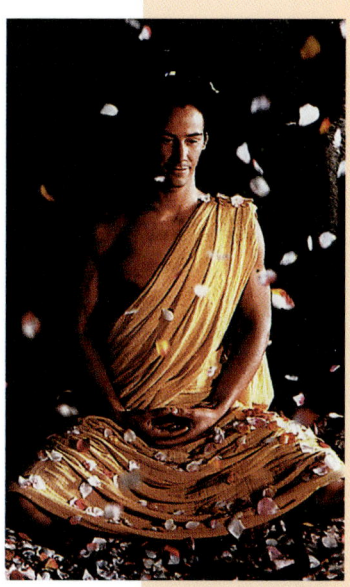

Szene aus dem Film
Little Buddha unter der
Regie von Bernardo
Bertolucci mit Keanu
Reeves als Darsteller

Eine andere Entwicklung zeichnete sich
bereits 1973 ab, als Trungpa in Boulder, Colorado, den
Hauptsitz einer neuen Organisation einrichtete, Vajra-
dhatu genannt. Wenn man dort seither den tibetischen
Buddhismus mit Lehren des Zen, der Gestalttherapie
und weiteren Elementen aus West und Ost verknüpft,
so belegt dies die unverändert große Anpassungsfähig-
keit des Buddhismus.

Den weltweit rasantesten Anstieg ihrer Mitglieder-
zahl verzeichnete allerdings die von Japan ausgehende
Soka Gakkai International (vgl. S. 153) (in den USA:
Nichiren Shoshu of America), was sich teils aus der
Schlichtheit der Lehre erklärt, teils aber auch aus der
besonders bemühten Missionsarbeit.

Ist der Buddhismus im Westen nun lediglich eine
Modeerscheinung, eine konsumorientierte Idee zur
Bewältigung materieller oder psychischer Probleme?
Zweifellos trägt er auch solche Züge. Aber allein die
geschichtliche Entwicklung deutet darauf hin, dass
sich das Phänomen so nicht abtun lässt. Schließlich

hat der Buddhismus zahlreiche Länder Asiens, auch solche mit einer eigenen Hochkultur, in seinen Bann ziehen können, und zwar durch seine Toleranz und Offenheit wie auch durch die Überzeugungskraft seiner philosophischen Grundlagen, deren Einsichten in Zeit und Raum einschließlich des Konzepts der Substanzlosigkeit in den westlichen Naturwissenschaften manche Bestätigung gefunden haben. Wahrheit und Wirklichkeit werden hier in einer Weise hinterfragt, wie es die abendländische Philosophie erst in neuerer Zeit unter dem Eindruck naturwissenschaftlicher Paradigmenwechsel unternahm. Bezeichnenderweise haben bahnbrechende Physiker wie der Nobelpreisträger Erwin Schrödinger (1887–1961) die buddhistischen Ideen zu Determinismus und freiem Willen hervorgehoben.

Wer die Kraft des Buddhismus recht verstehen will, muss vor allem begreifen, dass es sich hier nicht um eine Religion mit einem dogmatischen Wahrheitsanspruch handelt. Der Buddhismus ist aus der tiefen psychologischen und ethischen Erfahrung eines humanität eingestellten Menschen hervorgegangen, der weder Gott noch Guru sein wollte, sondern sich lediglich auf eine intensive, letztlich erfolgreiche spirituelle Suche begeben hat. Alle Ausformungen der Lehre, wie verschieden sie auch ausfallen mögen, sind von dieser ursprünglichen Suche geprägt. Vielleicht noch wichtiger ist es für jeden westlichen Adepten, sich eines grundlegenden Unterschieds bewusst zu werden: Der Westen suchte stets das Ewige Leben, der buddhistische Osten aber das Ende der Wiedergeburt.

Adibuddha
im späteren Buddhismus die Personifizierung des Absoluten
Amitabha ein *jina;*
in Japan als Amida verehrt
Andhra
alte Kulturlandschaft im Süden Indiens, entspricht etwa dem heutigen Bundesstaat Andhra Pradesh
arhat
›Ehrwürdiger‹, der die Erwachung als höchstes Ziel des Hinayana-Buddhismus erreicht hat
Ashoka
bedeutendster Kaiser der Maurya-Dynastie
atman (Sanskrit), **atta** (Pali)
das ›Selbst‹ des Menschen, Einzelseele, die nach Vereinigung mit *brahman,* der Weltenseele, strebt; wird vom Buddhismus geleugnet (= *anatman-* bzw. *anatta-*Lehre)
Avalokiteshvara
bedeutendster *bodhisattva* des Mahayana

bhikshu (Sanskrit),
bhikkhu (Pali)
Mönch
bodhi
Erwachung
Bo(dhi)-Baum
Feigenbaum *(ficus religiosa),* unter dem Buddha die Erwachung erlebte, auch Pipalbaum genannt
bodhisattva
Erwachungswesen, Anwärter auf Buddhaschaft
Brahma
Gott des Brahmanismus und des Hinduismus, höchste Gottheit (als Schöpfer) neben Vishnu (dem Erhalter) und Shiva (dem Zerstörer)
brahman
Weltenseele, unpersönliches Weltgesetz

Brahmanismus
Frühstufe der indischen Religion, die Priester (Brahmanen) beherrschten das Opferritual und nahmen so eine führende Rolle in der Gesellschaft ein

chaitya (Sanskrit),
chetiya (Pali)
Aschehaufen; sakrales Objekt; Schrein, Tempel, besonders in der Form einer rechteckigen Halle mit Apsis
Chittamatra
eine Mahayana-Lehre, die besagt, dass die Welt »nur Geist« *(chitta)* sei; weitere Bezeichnungen der Schule: Vijnanavada (›Bewusstseinslehre‹, wonach die Welt erst durch das Bewusstsein existent wird) oder Yogacara (›Wandel im Yoga‹, weil die Erkenntnis durch Askese, Magie und Trance gesucht wird)

dagoba
Bezeichnung für die *stupa-*Form auf Sri Lanka
Dekkhan
zentralindisches Hochland
dharma (Sanskrit),
dhamma (Pali)
Einheiten, auf die alles Sein zurückzuführen ist; auch: die buddhistische Lehre; bei Ashoka: Moral
dharmachakra
Rad der Lehre
dhyana
Meditation (chinesisch: *chan;* japanisch: *zen)*
dhyanibuddha
s. *jina*

Gandhara
Kulturlandschaft im Norden des heutigen Pakistan
Gautama
Familienname des historischen Buddha

Gupta
Dynastie in Nordindien, unter ihnen Hochblüte der indischen Kunst, Förderer des Buddhismus

Harappa
Ausgrabungsstätte im heutigen Pakistan, nach ihr wurde eine vorarische Hochkultur benannt
Hinayana
›Kleines Fahrzeug‹, die Alte Weisheitsschule, die nur wenigen Auserwählten Erlösung verspricht

Jainismus
indische Erlösungslehre, etwa zeitgleich mit dem Buddhismus entstanden und auf ähnlichen Begriffen basierend, höchstes Gebot: *ahimsa* (Nichttöten, bezogen auf alle Lebewesen)
jataka
Erzählung über frühere Existenzen des Buddha
jina
›Sieger‹; Bezeichnung für Mahavira, den Begründer des Jainismus; im Mahayana und Tantrayana himmlischer Buddha, früher übliche Bezeichnung *dhyanibuddha* (›Meditationsbuddha‹)

karma(n)
›Werk‹, gutes oder böses Handeln in diesem Leben, das über die nächste Wiedergeburt entscheidet
kshatriya
Angehöriger der Kriegerkaste
Kushana
um die Zeitenwende aus Zentralasien nach Indien eingewanderte Dynastie, bildete ein Großreich mit Zentrum im Nordwesten Indiens, Förderer des Buddhismus

lama
ordinierter Mönch des tibetischen Buddhismus
Lamaismus
tibetische Form des Buddhismus

Madhyamika
›Mittlere Lehre‹, eine Richtung des Mahayana, Höhepunkt unter Nagarjuna
Magadha
altes Königreich in Nordindien, Teil des heutigen Bundesstaates Bihar, Wirkungsort Buddhas
Mahasanghika
Vorstufe des Mahayana
Mahayana
›Großes Fahrzeug‹, Neue Weisheitsschule mit Heilswegen für die Allgemeinheit
Maitreya
der zukünftige Buddha
mandala
›Kreis‹; symbolische Darstellung des Kosmos als Meditationsvorlage
Manjushri
bedeutender *bodhisattva*
mantra
Zauberformel
Mara
Dämon, Herr des Totenreichs
Maurya
bedeutende Dynastie in vorchristlicher Zeit, die ihr Reich von Magadha aus über fast das gesamte Indien ausdehnte, Förderer des Buddhismus
maya
Täuschung, Illusion; Name der Mutter Buddhas
mudra
Geste, Handhaltung mit symbolischer Bedeutung

naga
Schlange; Wächter geistiger Wahrheiten
Nagarjuna
südindischer Reformer des

Buddhismus, lebte um 200 u. Z., wichtigster Vertreter des Madhyamika
nirvana (Sanskrit),
nibbana (Pali) ›Verwehen‹, höchstes Ziel des Buddhismus

Pala
Dynastie im heutigen Bihar und Bengalen, letzte Förderer des Buddhismus in Indien
Pali
indische Gelehrtensprache, Hauptsprache der Hinayana-Literatur
Pali-Kanon
die im ›Dreikorb‹ (Pali: *tipitaka*) zusammengefasste, auf Sri Lanka niedergeschriebene Lehre des Theravada
parinirvana
das Eingehen ins *nirvana* beim Tod des Erwachten
prajnaparamita
Weg zur Erlangung der Weisheit als Erlösungsfaktor, ein Zentralbegriff des Mahayana, personifiziert als weiblicher bodhisattva
pratiyasamutpada (Sanskrit),
paticcasamuppada (Pali)
konditionales Entstehen

samadhi
höchste Stufe der geistigen Versenkung
samsara (Sanskrit),
sansara (Pali)
Kreislauf der Wiedergeburten
sangha
der buddhistische Orden
Sanskrit
die Sprache der Veden, indische Gelehrtensprache
shakti
weibliche Kraft
Shakyamuni
der ›Weise aus dem Geschlecht der Shakya‹, Bezeichnung für den historischen Buddha

shastra
Lehrbuch, das von einem (mitunter namentlich bekannten) Philosophen verfasst wurde
Shatavahana
Dynastie in Andhra und auf dem Dekkhan, Förderer des Buddhismus
Shiva
der Zerstörer, Gottheit des Hinduismus, zählt neben Brahma und Vishnu zur obersten Trinität
shramana
wandernder, hausloser Mönch
shunyata
Leerheit, Zentralbegriff des Mahayana
Siddharta
Vorname des historischen Buddha
skandha (Sanskrit),
kandha (Pali)
fünf Anhaftungsgruppen (physischer Körper und Besitz; Gefühl; Wahrnehmung; Handlung; Bewusstseinsakt)
stupa
›Haarknoten‹, ›Hügel‹; Grab- oder Gedenkstätte in Form eines Hügels
sutra
Text, Leitfaden; angeblich Originalworte des Buddha; im Brahmanismus Erklärungen zu Opferhandlungen usw.

tantra
›Buch‹, Unterweisungen zu Geheimlehren
Tantrismus
magisch-religiöse Lehre auf Grundlage der *tantras*
Tara
Göttin im Mahayana
tathagata
der ›So Gegangene‹, Eigenbezeichnung Buddhas
thangka
Bildrolle

Theravada
›Schule der Alten‹, eine
Richtung des Hinayana
tipitaka
s. Pali-Kanon
triratna
die ›drei Juwelen‹ des Buddhismus: Buddha, die Lehre,
die Gemeinde
tschörten
tibetische Variante des *stupa*

Vairocana
ein *jina*
vajra
Donnerkeil, Diamantzepter

Vajrayana
›Diamantfahrzeug‹, in Tibet
verbreitete Lehre des
tantrischen Buddhismus
veda
›Wissen‹, heilige Werke der
arischen Religionslehre,
darin Hymnen, Zauber- und
Opfersprüche
vihara
Kloster
Vijnanavada
s. Chittamatra
Vishnu
der Erhalter, Gottheit im
Hinduismus, zählt neben Shiva
und Brahma zur obersten
Trinität

yab-yum
Darstellung der Vereinigung
von männlicher *(yab)* und
weiblicher *(yum)* Kraft
yaksha
Fruchtbarkeitsdämon
Yogacara
s. Chittamatra

Gesamtdarstellungen, Einführungen

Bechert, H./Gombrich, R. (Hg.): Die Welt des Buddhismus. Geschichte und Kultur, München 1984

Conze, E.: Der Buddhismus, Stuttgart, 6. Aufl. 1986

Dalai Lama: Einführung in den Buddhismus, Freiburg u. a. 1993

Frauwallner, E.: Die Philosophie des Buddhismus, Berlin, 4. Aufl. 1994

Golzio, K.-H.: Wer den Bogen beherrscht, Düsseldorf 1995

Harvey, P.: An Introduction to Buddhism, Cambridge 1990

Landaw, J./Bodian, St.: Buddhismus für Dummies, Weinheim 2006

Mensching, G.: Buddhistische Geisteswelt, Darmstadt 1955

Nyanatiloka: Buddhistisches Wörterbuch, Konstanz 1954

Percheron, M.: Buddha, Reinbek bei Hamburg 1958

Rhys Davids, T. W.: Buddhism, being a sketch of the life and the teachings of Gautama the Buddha, London 1877 usw.

Schlieter, J.: Buddhismus zur Einführung, Hamburg 1997

Schumann, H. W.: Buddhismus – Stifter, Schulen und Systeme, Olten/Freiburg, 5. Aufl. 1988

Der Buddha

Bechert, H.: Die Lebenszeit des Buddha – das älteste feststehende Datum der indischen Geschichte?, Göttingen 1986

Carrithers, M.: The Buddha, Oxford 1983

Hecker, H.: Das Leben des Buddha, Hamburg 1973

Jones, J. J.: The Mahavastu, London 1949–1956

Klimkeit, H.-J.: Der Buddha. Leben und Lehre, Köln u. a. 1990

Oldenberg, H.: Buddha. Sein Leben. Seine Lehre. Seine Gemeinde, Berlin 1881

Waldschmidt, E.: Die Legende vom Leben des Buddha, Graz 1982

Zotz, V.: Buddha, Reinbek bei Hamburg 1991

Die frühe Lehre

Dahlke, P. (Übers.): Buddha. Auswahl aus dem Pali-Kanon, München, 2. Aufl. 1960

Glasenapp, H. von (Übers. u. Hg.): Pfad zur Erleuchtung. Buddhistische Grundtexte, Düsseldorf 1974

Krauskopf, G.: Die Heilslehre des Buddha, Konstanz 1954

Neumann, K. E. (Übers.): Die Reden Gotamo Buddhos, 3 Bde., Zürich/Wien 1956/1957

Nyanatiloka: Das Wort des Buddha, Konstanz, 4. Aufl. 1978

Nyanatiloka (Übers. u. Hg.): Der Weg zur Erlösung. In den Worten der buddhistischen Urschriften, Konstanz 1956

Nyanatiloka (Übers.): Die Lehrreden des Buddha aus der Angereihten Sammlung, 5 Bde., Köln 1969

Hinayana

Bechert, H.: Buddhismus, Staat und Gesellschaft in den Ländern des Theravada-Buddhismus, 3 Bde.,

Wiesbaden/Hamburg 1966–1973

Gombrich, R.: Der Theravada-Buddhismus. Vom alten Indien bis zum modernen Sri Lanka, Stuttgart 1997

Mizuno, K.: The Beginnings of Buddhism, Tokyo, 3. Aufl. 1982

Winternitz, M.: Der ältere Buddhismus nach Texten des Tipitaka, Tübingen 1929

Mahayana

Fatone, V.: The Philosophy of Nagarjuna, Delhi 1981

Lindtner, Ch.: Nagarjuniana. Studies in the writings and philosophy of Nagarjuna, Delhi 1986

Schumann, H. W.: Mahayana-Buddhismus. Die zweite Drehung des Dharma-Rades, München 1990

Suzuki, D. T.: On Indian Mahayana Buddhism, New York 1968

Williams, P.: Mahayana Buddhism, London 1989

Winternitz, M.: Der Mahayana-Buddhismus nach Sanskrit- und Prakrittexten, Tübingen 1930

Tantra

Avalon, A.: Shakti und Shakta, Weilheim 1962

Dasgupta, S.: An Introduction to Tantric Buddhism, Berkeley 1974

Glasenapp, H. von: Buddhistische Mysterien. Die geheimen Lehren und Riten des Diamantfahrzeuges, Stuttgart 1940

Wayman, A.: The Buddhist Tantras, New York 1973

Tibetischer Buddhismus

Blofeld, J.: The Tantric Mysticism of Tibet: A Practical Guide, Boston 1987

Everding, K.-H.: Tibet, Köln 1993

Hoffmann, H.: Die Religionen Tibets, Freiburg 1956

Keilhauer, A. und P.: Ladakh und Zanskar, Köln 1980

Lavizzari-Raeuber, A.: Thangkas. Rollbilder aus dem Himalaya, Köln 1984

Lama Anagarika Govinda: Grundlagen tibetischer Mystik, Zürich 1956

Snellgrove, D. L.: Indo-Tibetan Buddhism. Indian Buddhists and their Tibetan Successors, London 1987

Buddhismus in Ostasien

Chen, K.: Buddhism in China, Princeton 1964

Dumoulin, H.: Zen. Geschichte und Gestalt, Bern 1959

Suzuki, D. T.: Zen und die Kultur Japans, Hamburg 1958

Zotz, V.: Der Buddha im Reinen Land. Shin-Buddhismus in Japan, München 1991

Zürcher, E.: The Buddhist Conquest of China, Leiden 1959

Buddhistische Kunst

Bhattacharya, B.: The Indian Buddhist Iconography, Calcutta 1968

Franz, H. G.: Buddhistische Kunst Indiens, Leipzig 1965

Gründwedel, A.: Buddhistische Kunst in Indien, Berlin 1900

Härtel, H.: Indische und zentralasiatische Wandmalerei, Berlin 1959

Hecker, H./Neumann, K. E.: Buddhismus und Kunst, Konstanz 1974

Schumann, H. W.: Buddhistische Bilderwelt. Ein ikonographisches Handbuch des Mahayana- und Tantrayana-Buddhismus, Köln 1986

Seckel, D.: Kunst des Buddhismus, Baden-Baden 1982

Snellgrove, D. L. (Hg.): The Image of the Buddha, London 1978

Uhlig, H.: Tantrische Kunst des Buddhismus, Berlin u. a. 1981

Buddhismus heute

Deutsche Buddhistische Union (Hg.): Buddhismus in Deutschland. Eine Chronik, Hamburg 1973

Dumoulin, H. (Hg.): Buddhismus der Gegenwart, Freiburg 1970

Prebish, Ch. S.: American Buddhism, Belmont, California 1979

Tibetan Department for Religion and Culture: Buddhismus in Tibet, Hamburg 1994

Online-Informationen

Keown, D./Prebish Ch. S.: Journal of Buddhist Ethics. www.buddhistethics.org

Bildnachweis

o = oben
u = unten

Ashmolean Museum, Oxford
101
Hans-Joachim Aubert, Bonn
21, 168
Josef Beck, Eschenlohe 2, 31,
68, 70, 72, 75, 166, 169,
180
A. Begsteiger, Gleisdorf 78
Benrido Company, Kyoto 51 u
Udo Bernhard, Langen 62
Bibliothèque Nationale, Paris
77
Bodleian Library, Oxford 83
Martin Brauen, Bern 38, 48,
49, 106, 113, 128,
Umschlag hinten
Manfred Braunger, Freiburg
63
Jürgen Bringenberg, Wuppertal
19, 130
Axel Brod 158 u
Marcus Brooke 177,
Umschlag hinten
Freer Gallery of Art, Washing-
ton D. C. 151
Manfred Görgens 34, 55, 73,
92, 161, 162
Nicole Häusler, Berlin 9, 58,
69
Günter Heil, Berlin 163 o
Holle Verlag 110 u
Ferdinand Hollweck 35, 123,
132
Indian Museum, Calcutta 15 o
Keystone, Hamburg 95
Barbara Kirchhof 158 o, 182
Kohlhammer, Stuttgart 150
Kozanji, Kyoto 149
Kunstamt Berlin-Tempelhof
22, 24, 30, 185
Linden-Museum, Stuttgart
139
Musée Guimet, Paris 171 o
Museum der Kulturen, Basel
117, 135

Museum für Asiatische Kunst,
SMB, Berlin 171 u
Museum für Völkerkunde,
Leipzig 152
Museum für Völkerkunde,
München 90, 99
Museum Rietberg, Zürich /
Geschenk Fritz und Monika
von Schulthess 28
Museum van Aziatische Kunst,
Amsterdam 121
Jens Nagels, Kassel 13
National Museum, Tokyo 183
Erhard Pansegrau, Berlin 141,
170
bpk / Museum für Asiatische
Kunst, SMB / Jürgen Liepe
15 u, 20
bpk / Museum für Asiatische
Kunst, SMB / Iris Papado-
poulos 18, 51 o, 172, 175
Jaroslav Poncar, Köln 97 o
Rijksmuseum voor Volkenkun-
de, Leiden 109 o, 111, 133
Sammlung Joachim Baader,
Stuttgart 127
Sammlung Yamamoto Kiyoo,
Ashiya 45
© The Trustees of the British
Museum, London 11, 27,
144 u, 146 u
Trevor Thompson © Link 107
ullstein bild – imagebroker
Umschlag vorne
Völkerkundemuseum der Uni-
versität Zürich / Foto ©
Martin Brauen 187
Werner Scholz, Lingen 29 o,
44, 53, 59, 87, Umschlag
hinten
Smeets, Weert 29 u, 41, 163 u